教科教育学 シリーズ

国語科教育

橋本美保 ＋ 田中智志

千田洋幸 ＋ 中村和弘

刊行に寄せて

　教職課程の授業で用いられる教科書については、さまざま出版されていますが、教科教育にかんする教科書についていえば、単発的なものが多く、ひとまとまりのシリーズとして編まれたものはないように思います。教育実践にかんする一定の見識を共有しつつ、ゆるやかながらも、一定の方針のもとにまとまっている教科教育の教科書は、受講生にとっても、また授業を担当する教員にとっても、必要不可欠であると考えます。

　そこで、「新・教職課程シリーズ」の教職教養（全10巻）に続き、教科教育についても新たに教職課程用の教科書シリーズを刊行することにしました。この新しいシリーズは、教科ごとの特色を出しながらも、一定のまとまりがあり、さらに最新の成果・知見が盛り込まれた、今後の教科教育を先導する先進的で意義深い内容になっていると自負しています。

　本シリーズの方針の1つは、以下のような編集上の方針です。

　　○教育職員免許法に定められた各「教科教育法」の授業で使用される
　　　内容であり、基本的に基礎基本編と応用活用編に分けること。
　　○初等と中等の両方（小学校にない科目を除く）の指導法を含めること。
　　○教科の指導法だけではなく、各教科に密接にかかわる諸科学の最新
　　　の成果・知見を盛り込んだ、最先端の内容構成であること。
　　○本書を教科書として使用する受講生が、各自、自分なりの興味関心
　　　をもって読み進められるような、工夫を行うこと。
　　○原則として、全15回という授業回数に合わせた章構成とすること。

　本シリーズのもう1つの方針は、教育学的な観点を有することです。教科教育の基本は学力形成ですが、どのような教科教育も、それが教育である限りその根幹にあるのは人間形成です。したがって、学力形成は人間形成と切り離されるべきではなく、学力形成と人間形成はともに支えあって

います。なるほど、科学的な能力と道徳的な力とは区別されるべきですが、科学的な能力と心情的な力とは本来、結びついているのです。人間形成は、道徳的な能力の育成に収斂することではなく、心情的な力、すなわち人として世界（自然・社会・他者）と健やかにかかわる力を身につけることです。たとえば、算数を学ぶこと、国語を学ぶことは、たんに初歩的な数学、初歩的な国語学・文学の知見を、自分の願望・欲望・意図を達成する手段として身につけることではなく、世界全体と人間が健やかにかかわりあうための知見として身につけることです。たとえていえば、健やかな人間形成は家の土台であり、学力形成は建物です。土台が脆弱だったり破損していては、どんなに素敵な建物も歪んだり危険であったりします。

　人間形成の核心である世界との健やかなかかわりは、私たちがこの世界から少しばかり離れることで、ほのかながら見えてきます。古代の人は、それを「絶対性」と呼んできました。絶対性は、ラテン語でabsolutus（アブソリュートゥス）、原義は「（この世俗世界）から離れる」です。あえて道徳的に考えなくても、世事の思惑や意図から自由になって自然や生命、人や文化に向き合うとき、私たちの前には、本当に大切なこと、すなわち人が世界とともに生きるという健やかなかかわりが見えてきます。

　本書の編集は、国語科教育の領域で活躍されている千田洋幸先生、中村和弘先生にお願いいたしました。教職を志すみなさんが、本書を通じて、真に人間性豊かな、よりよい教育実践の学知的な礎を築かれることを心から願っています。

監修者　橋本美保／田中智志

まえがき

　改めていうまでもなく、言葉は、人間が生きていく営みの基盤となるものである。それ故、いずれ社会の中で生き抜いていかなければならない児童・生徒を育てる初等・中等教育において、言葉の教育は必要不可欠なものとなる。すべての教科教育を含む学校教育のさまざまな場面において、言葉の役割が常に重視されているゆえんである。

　その一方で、国語の授業づくりは難しいという声もしばしば聞く。国語教科書を開いてみても、そこに学習内容や学習過程が具体的に示されているわけではない。単に教科書の内容を説明したり紹介したりするだけでは授業とはならない。教材とはその名の通り単なる「材料」「道具」にすぎず、教師自身が自ら言葉の探究者＝教育者の立場に立って、授業を「創造」しなければならないからである。すなわち、学習者にとって意義ある授業を行うためには、学習者の学力を把握し関心の方向を見定めるといった当然の手続きとともに、教材を深く研究する力、授業を構想し設計する力、さまざまな技法を用いつつ授業を実践する力、授業を反省し次の授業に生かす力、などが必要となる。さらに、より優れた実践者を目指すためには、国語科教育の研究と実践の蓄積について広く理解しておくとともに、複雑な社会を生きる学習者たちに向けて、現代の国語科授業がどのように発想されるべきであるのかを理論的に考えていかなければならないだろう。

　もちろん、実践者の力量形成は一朝一夕に成るものではないが、本書は、そのような思いを底部に込めつつ、まずは教職を目指す初学者が国語科教育の入口にスムーズに立つことができるよう、意図して編集したものである。国語科のさまざまな領域における指導法を学びつつ、国語の実践者としてより高みを目指すためのステップとしてほしいと思う。

　第1部では、小学校を対象に、「話すこと・聞くこと」「読むこと（文学

／説明文)」「書くこと」の三つの領域、並びに「伝統的な言語文化と国語の特質」に関する事項を取り上げ、それぞれの領域の教材の特質、教材研究の考え方、具体的な授業づくりの方法や実践例、指導のポイントなどについて提示した。また第2部では、中学校を対象に、同じく「話すこと・聞くこと」「読むこと（文学／説明文)」「書くこと」の三つの領域と「伝統的な言語文化と国語の特質」に関する事項を取り上げ、中学校という校種、中学生という発達段階に対応した教材研究、授業づくり、指導法その他について提示した。第3部では、学校図書館の活用、タブレットやネットワークなどニューメディアの利用、校種間連携など、現在トピックとなっているテーマに基づいて国語科授業のあり方を考えた。いずれも、今後国語科教育の現場に立つために欠かすことのできない認識、知見が含まれている。

　本書は小学校・中学校における国語科教育の多くの領域をカバーしているが、上に述べた通り、あくまでも、よりよい国語科教育の実践者を目指すための出発点として考えていただければと思う。すでに現場に立っている教員、国語科教育法の授業を大学で担当している教員に活用していただきたいのはもちろんだが、これから手探りで国語科の授業をつくり出していこうとする初学の方に、本書が存分に活用されることを願ってやまない。

　本書を編集するにあたっては、一藝社編集部の永井佳乃氏に大変お世話になった。記して深謝に代えさせていただきます。

　　　　　　　　　　　　　　　　　　　　　編著者　千田洋幸
　　　　　　　　　　　　　　　　　　　　　　　　　中村和弘

刊行に寄せて　2

まえがき　4

序章　国語科の授業とは　10

第1節　国語科の授業の基本　11
第2節　国語科の学習指導要領　13
第3節　国語科の学習指導計画　15
第4節　国語科の学習指導案　17

第1部
小学校における国語科教育

第1章　小学校 話すこと・聞くことの教育と授業　24

第1節　「話し言葉」への着目　25
第2節　学習指導要領の「話すこと・聞くこと」　29
第3節　授業実践　32

第2章　小学校 読むこと（文学）の教育と授業　38

第1節　文学的文章を教室で読むことの意義（目標と内容）　38
第2節　読むこと（文学）の教材研究　41
第3節　読むこと（文学）の授業づくり　44

第3章　小学校 読むこと（説明文）の教育と授業　49

第1節　説明文（説明的文書）とは　50
第2節　説明文の学習で学ぶこと　51
第3節　説明文の授業実践例（4年生）　55

第4章　小学校 書くことの教育と授業　63

第1節　学習環境デザイン　64
第2節　実践例　68

第5章　小学校 伝統的な言語文化と国語の特質の教育と授業　79

第1節　伝統的な言語文化と国語の特質の概要　80
第2節　伝統的な言語文化に関する概要と授業　81

第2部
中学校における国語科教育

第6章　中学校 話すこと・聞くことの教育と授業　92

第1節　態度的に聞くから、技術的に聞くへ　93
第2節　聞きたくなる、聞かざるを得ない「聞く」の指導を考える　93
第3節　板書をしない授業　95
第4節　話すと聞くをセットで学ぶゲーム　99

第7章　中学校 読むこと（文学）の教育と授業　　105

第1節　言語の教育としての文学の読み　*106*
第2節　文学の教材研究　*110*
第3節　文学の授業研究　*115*

第8章　中学校 読むこと（説明文）の教育と授業　　119

第1節　言語の教育としての説明文の読み　*120*
第2節　説明文の教材研究　*123*
第3節　説明文の授業研究　*127*

第9章　中学校 書くことの教育と授業　　130

第1節　書くことの授業の意義と指導者の姿勢　*131*
第2節　学習指導要領における「書くこと」　*132*
第3節　意見文を書く授業の実際　*135*
第4節　行事に関連して書く授業の実際　*142*

第10章　中学校 伝統的な言語文化と国語の特質の教育と授業　144

第1節　「伝統的な言語文化」の教育　*145*
第2節　「伝統的な言語文化」の授業　*147*
第3節　「国語の特質」の教育　*149*
第4節　「国語の特質」の授業　*150*

第3部
「今」の時代と国語科の授業

第11章 読書指導と学校図書館活用　156

第1節　読書と生活　*157*
第2節　読書指導のねらいと方法　*158*
第3節　読書の実態　*166*
第4節　学校図書館の活用　*167*

第12章 ニューメディアと国語科の授業　*172*

第1節　メディアと教育の関わり　*173*
第2節　メディアと国語科教育　*174*

第13章 校種のつながりを意識した学習指導　*185*

第1節　校種の移行に伴う課題　*186*
第2節　幼稚園と小学校のつながり　*186*
第3節　小学校の学びと中学校の学びのつながり　*194*

終章　なぜ国語を学ぶのか　*202*

第1節　「学ぶべき国語」の変容　*203*
第2節　フーコーと国語科の理念　*207*
第3節　「この私」の言葉　*209*

序章

国語科の授業とは

はじめに

　日本語を扱う国語科の授業は、言葉の学習という点から、およそ次のような四つの目的があるだろう。

　一つには、よりよく話せるようになったり書けるようになったりするためである。日本語を母語として生まれ育った子どもたちは、小学1年生の児童でもある程度は読んだり話したりすることができる。国語科の授業を通して、書き方や話し方を学ぶことで、さらによく書けるようになったり話したりできるようになるのである。

　二つには、日本語についての理解を深め、興味や関心をもって言葉を使えるようにするためである。日本語が母語の子どもにとっては、言葉は空気のようなものであり、日常生活の中では意識されることがあまりない。日本語の文字や文法、語彙などについての知識を得ることで、より言葉を意識して使うことができるようになる。

　三つには、言葉を使ったさまざまな文化に触れるためである。文学作品

はもちろんのこと、古典文学や漢文学など、授業や読書活動を通して子どもたちはたくさんの作品に出会う。また出会うだけでなく、物語を書いたり俳句をつくったりと、自分たちもその文化に参加し体験していくのである。

　四つには、言葉を使って生活や社会とかかわっていくためである。友だちとの会話や学級会での話し合い、理科の実験レポートなど、国語科は読んだり書いたりすることを通して、生活や学習、社会や人とかかわっていく教科である。さまざまなコミュニケーションの可能性を知り、実際にコミュニケーションをしていくことを通して、よりよい言葉の使い方、コミュニケーションの仕方を学んでいくのである。

第1節　国語科授業の基本

1. 国語科の授業の特徴

　国語科は、日本語についての理解を深め、日本語がよりよく使えるようになるための教科である。そのための学習もまた、日本語を使って、教科書を読んだりノートを書いたりしながら行われる。つまり、言葉を使いながら言葉を学ぶという特徴がある。

　また、言語能力は、学んだらすぐにできるようになるというものではない。漢字一つとっても、新しい漢字を実際の文章の中で自然と使えるようになるためには、何度も書いて使うということを繰り返す必要がある。言葉の力は、階段を上がるように「これができたら次はこれ」というわけにはいかない。らせん状にぐるぐると回りながら、少しずつ上達していくのである。

　さらに、その上達の度合いは、子どもによって異なる。初めから本の好きな子、話すのが得意な子がいるのと同時に、人前で話すのが苦手な子、字を書くのを億劫に感じる子もいる。同じワークシートを使って授業をしても、取り組みに差が出るのは当然である。国語科の授業では、そうした個人差があることを前提とした指導の工夫が欠かせない。

2．言語活動を大切にした授業

　話したり読んだりする学習活動のことを「言語活動」という。国語科の授業では、この言語活動を通して、話し方や読み方を学んだり、日本語についての新しい知識を身につけたりする。話し方や読み方という「かた」だけを、そのまま教えてできるようにするのではない。実際に児童・生徒が読んだり書いたりすること、すなわち言語活動を重視して授業を考えるのである。

　その理由はいくつかあるが、一つには、「かた（技能）」は「こと（行為）」を通して身につけるという考え方があるからである。話し方を知っても、実際に話すという行為の中で、その知ったことが生かされなければ意味がない。また、話しながら「そうか、こんな風に話せば自分の言いたいことが相手によく伝わるのだな」というように、実際に話すという行為の中でよりよい「かた」に気がつくこともある。このように、話すという言語活動を通して、もともともっていた話し「かた」が、よりよい話し「かた」に更新されていき、話す力は高まっていくのである。

　もう一つは、多くの児童・生徒にとって、日本語が母語であるということが関係している。母語としての日本語は、生活などを通して自然と身についている。小学校でも、国語科の授業を受ける前に、既に多くの児童がある程度話したり読んだりすることができる。だから授業は、話し方や読み方など何も知らないし何もできないという、ゼロベースで計画されるのではない。その段階で既にもっている言葉の力を発揮しながら、実際に読んだり話したりする言語活動を中心に計画されるのである。そして、その言語活動に取り組む最中に、よりよい読み方や話し方が自然と身についていくよう、指導は工夫される。

　このように国語科の授業の基本は、もともともっている言葉の力を発揮させながら、実際に読んだり書いたりする言語活動に取り組ませ、そのプロセスで技能や知識を身につけて言葉の力を高めていくというところにある。

第2節　国語科の学習指導要領

1. 国語科の目標と内容

　次に、国語科の学習指導要領がどのようにつくられているのかをみてみよう。教科書や授業はこの学習指導要領に則ってつくられ、実践される。
　小学校国語科・中学校国語科の教科の目標はそれぞれ以下の通りである。

【小学校】
　国語を適切に表現し正確に理解する能力を育成し、伝え合う力を高めるとともに、思考力や想像力及び言語感覚を養い、国語に対する関心を深め国語を尊重する態度を育てる。

【中学校】
　国語を適切に表現し正確に理解する能力を育成し、伝え合う力を高めるとともに、思考力や想像力を養い言語感覚を豊かにし、国語に対する認識を深め国語を尊重する態度を育てる。

　この教科目標のもとに、国語科の学習内容は「A　話すこと・聞くこと」「B　書くこと」「C　読むこと」「伝統的な言語文化と国語の特質に関する事項」の3領域1事項から構成されている。そして、領域別に、小学校は2学年ごとに、中学校は1学年ごとに、さらに目標と内容が細かく示されている。

2. 指導事項と言語活動例

　例えば、小学校の「書くこと」低学年（第1学年及び第2学年）をみてみよう。まず、「書くこと」低学年の目標は次の通りである。

経験したことや想像したことなどについて、順序を整理し、簡単な構成を考えて文や文章を書く能力を身に付けさせるとともに、進んで書こうとする態度を育てる。

　次に「書くこと」低学年の内容は(1)と(2)に分かれて次のように示される。

（1）書くことの能力を育てるため、次の事項について指導する。
　ア　経験したことや想像したことなどから書くことを決め、書こうとする題材に必要な事柄を集めること。
　イ　自分の考えが明確になるように、事柄の順序に沿って簡単な構成を考えること。
　ウ　語と語や文と文との続き方に注意しながら、つながりのある文や文章を書くこと。
　エ　文章を読み返す習慣を付けるとともに、間違いなどに気付き、正すこと。
　オ　書いたものを読み合い、よいところを見付けて感想を伝え合うこと。

（2）(1)に示す事項については、例えば、次のような言語活動を通して指導するものとする。
　ア　想像したことなどを文章に書くこと。
　イ　経験したことを報告する文章や観察したことを記録する文章などを書くこと。
　ウ　身近な事物を簡単に説明する文章などを書くこと。
　エ　紹介したいことをメモにまとめたり、文章に書いたりすること。
　オ　伝えたいことを簡単な手紙に書くこと。

　内容の(1)は「指導事項」にあたり、(2)は「言語活動例」にあたる。指導事項とは、文字通り教える事柄であり、書き方などの技能にあたる。一方、言語活動例は、指導事項を教えるために具体的にどのような活動をすればよいかを示したものである。「書くこと」の授業では、(2)に挙げられた言

語活動を通して、(1)の指導事項を単元ごとに軽重をつけながら教えていくということになる。

例えば、(2)オにある「伝えたいことを手紙に書く」という言語活動を通して、(1)の指導事項にあるように、その手紙に何を書くか題材を集め（ア）、どの順序で書くかを考え（イ）、実際に手紙を書いて（ウ）、間違いがないか読み直し（エ）、出す前に互いに読み合い（オ）、そして実際に手紙を出すという学習が授業の中で行われるのである。

手紙を書いて出すというリアリティのある言語活動を実際に行うことを通して、(1)のア〜オにあるような指導事項を扱い、それぞれがより向上するように指導が行われる。その結果、手紙を書くというトータルな書く力も高まるのである。学習指導要領もまた、実際の言語活動を通して言葉の力を高めるという考え方でつくられている。

第3節　国語科の学習指導計画

1. 言語活動の二つの側面

このように、国語科の授業は、言語活動をベースに計画される。ある言語活動を設定し、その活動を通して指導事項に示された言葉の力を高めていくのである。

学習指導を考える前に、もう一度、授業と言語活動との関係を確かめておこう。

- 教師にとって、授業のねらいは指導事項を扱い、言葉の力を高めることである。
- ただし、指導事項はそのままでは教えられない。言語活動を通して、子どもに学ばれていくように教える必要がある。
- つまり、言語活動は、教師にとっては指導事項を教えるための手段であり、授業の方法となる。一方、児童・生徒にとっては、言語活

動は学習のねらいとなる。
・子どもたちは言語活動に取り組む中で教師の意図した指導事項を自然と学んでいき、知らず知らずのうちに言葉の力をより高めていく。

　言語活動には、教師にとっては指導事項を学ばせるための方法論であり、児童・生徒にとっては学習のねらいであるという二面性がある。だから、国語科の授業を計画し実践するにあたって、教師は常にその活動を通して何を教えるのかということを明らかにしておかなければならない。また、その指導事項を扱うのに適した言語活動を選択することも必要となってくる。
　一方、子どもたちにとっては、言語活動は学習のねらいとなるため、より楽しく関心をもって取り組めるものであることが望ましい。言語活動に熱心に取り組むほど、教師が教えようと意図した指導事項は子どもたちに自然と学ばれていき、言葉の力が高まっていくからである。

2．「単元」による授業のデザイン

　繰り返しになるが、教師の教えたい指導事項は、児童・生徒の言語活動を通して学ばれる。だから実際の授業では、子どもたちがその言語活動に一生懸命に取り組むような工夫が必要である。
　例えば、教師の発問で子どもの問いを触発したり、授業の導入で興味をもたせたりするような工夫が考えられる。さらに、国語科の特徴として、「単元」というサイズで授業の工夫を考えるということが挙げられる。
　国語科の授業は、言語活動がベースとなる。そして言語活動は、教師が「さあ、やりましょう」と指示するよりも、子どもが「やってみたい」という思いをもって取り組んだ方が、より効果的なものとなる。そこで、子どもたちが興味をもつ課題や目標を設定し、その課題の解決や目標の達成に向けて、読んで調べたり話し合って相談したりするように言語活動を組み立てていく。もちろん、その言語活動を通して、どのような指導事項を扱い、どのような言葉の力を高めるのかという、明確な教師側のねらいが

必要であることはいうまでもない。

　このように、国語科の授業は１回の授業で一つの言語活動に取り組んで終わるのではなく、数時間から十数時間というサイズで、課題の解決や目標の達成に向けて、言語活動を繰り返したり組み合わせたりしながら取り組んでいくことが多い。こうした学習活動のひとまとまりを「単元」と呼ぶ。

　国語科は、この単元を基本単位として、学習指導が計画される。だから、「単元名」とは、子どもにとっての学習する課題や目的が示されるのであり、教材名が単元名になるのではない。単元とは、学習活動全体を通して、子どもにとっての課題や目的が存在し、その解決や達成に向けて取り組む言語活動が設定され、その活動を通して教師の意図した指導事項などの言葉の力が高まっていくようにデザインされた、学習指導の総体である。

　言語活動には二つの側面があったが、単元も同じである。単元全体を通して子どもにとっての課題や目的がしっかりとあり、その解決や達成に向けて取り組むべき言語活動や使用する教材が位置づけられる。そして、実際に活動に取り組む中で、言葉の力が高まるよう計画される。一方で、単元の中に位置づけられた言語活動を通して何を教えるのか、その結果どんな言葉の力を高めどのように育ってほしいのかという、教師の側からの計画も必要である。

　このように、国語科の学習指導計画は「単元」というサイズで、子どもの学習の側からと教師の指導の側からの、二つの側面からデザインされるのである。

第4節　国語科の学習指導案

1．学習指導案の構成

　学習指導案は、こうした単元を基本単位とした国語科の授業について、その意図や計画などをわかりやすく書いていくものである。同時に学習指

導案は、実際の授業に資するよう、具体的に書くことも大切である。書き方はさまざまであるが、一般的に次のような内容を書くことが求められる。

①単元名
　単元とは、ひとまとまりの学習活動のことである。「話し方を工夫してスピーチをしよう」「感想を話し合いながら読もう」など、単元の中心となる言語活動を書く。

②教材名
　単元で中心的に使用する教科書の教材文などを書く。

③単元の目標
　単元の学習を通して、何が、どこまで、どのようにできることをねらいとするのかを書く。

④単元の評価規準
　言語活動を通して高める力について、「関心・意欲・態度」と「言語に関する知識・理解・技能」及び「話すこと・聞くことの能力」「書くことの能力」「読むことの能力」のうち主なものを、子どもの姿（〜している、など）として書く。

⑤単元について
　単元設定の理由などを、次のような観点から書く。
　　・児童の実態：関連する学習としてどのような経験があるのか、どのような力がついているのか、不足しているか、など。
　　・育てたい力：この単元でどのような力を高めるのか。
　　・教　　　材：使用する教材はどのような特徴があるのか。
　　・言 語 活 動：単元の中心となる言語活動はどのようなものか。
　　・評　　　価：どのような観点でどのように評価するか。

⑥単元の指導計画

　毎時間の主な学習活動や評価などを短くまとめながら、単元全体の構成や学習指導の計画を書く。

⑦本時の指導計画（本時案）

　本時の目標、本時の展開、本時の評価、板書計画など、１回の授業の計画について詳しく書く。

2．本時案の構成

　本時の学習指導案では、主に「本時の展開」の部分を詳しく書く。これも書き方はさまざまであるが、次のことは明らかにしておく必要があるだろう。

- ・学習活動：児童・生徒がどのような言語活動に取り組むのか。教師はどのような指示や発問をするのか、子どもはどのように反応することが予想されるのか。
- ・指導事項：その言語活動を通して何を教えようとするのか、活動を通しての指導のねらいは何か。
- ・留意点：子どもが言語活動に取り組めるよう、どのような指導の手立てを工夫するか。また取り組みの遅い子どもにどのような支援を用意するか。

　１回の授業は、普通いくつかの言語活動によって構成される。例えば、場面の音読→場面の様子を読み取る→読み取ったことをグループで交流する→交流したことを全体で報告する→読み直し学習を振り返る、などである。このとき、それぞれの言語活動には、その活動を通して指導すること、つまり教師のねらいが必ずあるはずである。また、その言語活動に子どもがしっかり取り組むことができるよう、手立ての工夫や苦手な子への支援の計画などもあるはずである。

このように、言語活動と指導事項、教師の手立ては三位一体の関係である。これが一つのラインとなって、次の活動、そしてまた次の活動と展開し、1回の授業はいくつかの言語活動の組み合わせによって構成されていく。こうした授業の構成を丁寧に計画することが、学習指導案を書くことの意義でもある。

本時案の例

（1）本時の目標
　これまでの学習を活かし、作品全体に対する自分の考えをもつことができる。

（2）本時の展開計画

児童の学習活動	指導事項	学習指導上の留意点
1. 本時の学習課題をつかむ。		
星野さんは、なぜこの作品に「森へ」という題名をつけたのだろう？		
2. 文章全体を読み返す。 ○この作品のどんなところが心に残っていますか。	・これまでの学習を振り返ること。	・これまでの学習で読み取ってきたことや考えてきたことを、ノートなどから振り返る。
3.「森へ」という作品の題名についての自分の考えをノートに書く。 ○星野さんになったつもりで自分の考えを書こう。	・作品全体に対する自分の考えをもつこと。 ・考えたことを文章に書きまとめること。	・2文字の題名に作者がこめた思いを、根拠を明確にしながら考えさせる。 ・書けない子には「ヒントカード」を用意して、個別に支援する。
4. 題名に対する考えを交流する。 ○星野さんは、どうしてこんなシンプルな題名にしたのだろうか。	・自分の考えを発表し合うこと。 ・友だちの意見を聞いて、自分の考えを広げたり深めたりすること。	・隣同士で意見の交換をした後に、全体で交流する。 ・題名の効果や、「森へ」と「森に」との対比など、考えが広がるように助言を工夫する。
5. これまでの学習を活かして副題をつける。 ○「森へ」に副題をつけるとしたら、どんなものが考えられるだろうか。	・これまでの学習を振り返りながら、作品に対しての自分の考え方をはっきりともつこと。	・この作品に対する自分のとらえ方を、副題という形で表現させる。 ・意見交流の場をつくり、書けない子へのヒントとなるようにする。
6. 学習のまとめをする。	・本時の学習の成果を確認すること。	・学習感想などを書く活動を取り入れる。

（3）本時の評価
- 題名について自分の考えをノートに書いたり、友だちと意見の交流をしたりすることができているか。
- 副題をつける活動を通して、作品に対する自分の意見をもつことができているか。

おわりに

　言葉とは、その子に固有のものであるのと同時に、社会に共通のものである。国語科は、その両方の性質をもった言葉を学ぶ教科である。教科書に書いてあることをそのまま教えて終わるのではなく、その子の言葉の使い方や興味のありようなどを考え、さまざまに授業を工夫していくことが、国語科を担当する教師の面白みでもある。

　大村はまによる国語単元学習をはじめ、これまでも多くの教師によって、多様な国語科の授業が生み出されてきた。先人の取り組みにも学びながら、教師一人ひとりが創造的な授業をつくっていくことが、子ども一人ひとりの言葉の力を育んでいくことにもつながっていくのである。

参考文献

大村はま『新編 教えるということ』筑摩書房、1996年

倉沢栄吉『国語の教師――指導法の手びき（新訂）』国土社、1987年

高木まさき、寺井正憲、中村敦雄、山元隆春編著『国語科重要用語事典』明治図書出版、2015年

田近洵一『国語教育の方法――ことばの「学び」の成立』国土社、1997年

浜本純逸『国語科教育総論』渓水社、2011年

第 *1* 部

小学校における国語科教育

第1章

小学校
話すこと・聞くことの教育と授業

はじめに

　話すこと・聞くことは日常生活でごく自然に行われるために、国語科の学習として取り立てて何を身につけさせればよいのかわかりにくい面がある。しかし子どもの言語生活を見渡すと、周囲の人たちとの話すこと・聞くことは、他者との関係をつくり自己を形成していくための大切な言語活動であることがわかる。話すこと・聞くことの大きな特徴は直接相手と向かい合って双方向のやり取りをするところにあるので、必然性のある適切な学習の場を設け、相手との関係において受けて話すことを成立させていくことが望まれる。

　この領域の特質を理解し、学習指導要領のポイントをおさえ、実践例をみることで、より良い授業のあり方を展望してみよう。

第1節 「話し言葉」への着目

1. 「話し言葉」の特質

　相手と向かい合って双方向のやり取りが行われる際に、そこで交わされるのは「話し言葉」である。「話し言葉」は、話すときに発せられる音声による言語ということもできる。

　日常生活で自然に使用している「話し言葉」はどのような特質をもっているだろう。①音声の時間的線条性、②表現の一回的発現性、③対人的直接性の3点から考えてみよう。

　まず①音声の時間的線条性は、「時間の経過に沿って音声を発し意味を形成し気持ちや考えを表現していく特質」といえる［浜本 2011：80-81］。話し手は時間に沿って一音一音を発して言葉を連ね、情報を交えながら気持ちや考えを表現する。聞き手は同じ時間を共有し、そこで発せられる言葉を話し手の発する順に受けとめ、自分の中に意味を形成する。場面としては、スピーチや発表や伝言のように話し手と聞き手が固定したままの場合と、対談やインタビューや会議のように双方向に「話し言葉」が交わされる場合とがあるが、どちらの場合でも話し手の語の選び方や話す速さ、お互いの既有知識や目的意識などに大きな不一致があると、同じ時間に沿って話し、聞いているにもかかわらず、お互いに十分理解したとはいえない状況が生まれる。このような状況に陥らないために、話し手と聞き手にどのような態度や技能が求められるかを考えることが学習への手がかりとなる。

　②表現の一回的発現性とは、「音声表現が時間の経過とともに消えていく」という特質である［浜本 2011：80-81］。瞬時に消えていくからこそ、次々に発話がなされて一つの話題が掘り下げられていくこともあれば、話し手と聞き手の間で次から次へと話題が移っていったり前の話題に一度戻ってからまた展開されていったりすることもある。この自由自在さは「話し言葉」の魅力ということができるだろう。しかし①の特質とも関わって、聞

き手は自分の心にすべてをとどめることは難しいし、即時に思考することが困難な場合もある。このことから国語科の学習を考えると、話し手には、わかりやすく話す必要があることを理解すること、そのためにはどのような工夫をすればよいかを考えることが求められる。そして聞き手には、即時に思考する技能を高める一方で、どのような聞き方をすればよいのかを考えることが求められる。

③対人的直接性とは、「話し手と聞き手が一つの場面で向かい合っている」という特質である［浜本2011：80-81］。相手がそこに存在しているのであるから、相手の立場を考え、表情や身振りにも意識を向ける必要が生まれる。スピーチや発表のように一方向から話しているように見える場合でも、聞き手の反応によってゆっくり話したり、言い換えたり、語を省いたり、具体例を加えたりすることがある。文字言語による書くこと、読むことの言語活動と比べると、改めて対人的直接性が「話し言葉」の大きな特質であることが確認される。適切な学習の場を設定し、教室内外のさまざまな立場の人とかかわることが大切になってくるだろう。

2. 学童期としての特質

幼児期から学童期にかけての言葉によるコミュニケーションの形態の差異から、子どもの言葉を「一次的ことば」と「二次的ことば」に分けた考察をみてみよう［岡本1985］。

もっぱら話し言葉でつくられた幼児の言葉の世界を「一次的ことば」、学童期になってそれに書き言葉の加わった言葉の世界を「二次的ことば」とする。「二次的ことば」には話し言葉と書き言葉が存在し、文字を伴う「二次的ことば」において話し言葉と書き言葉は相互に影響し合う。子どもにとって「一次的ことば」から「二次的ことば」への移行は話し言葉から書き言葉への単なる移行ではなく、乗り越えるのに苦労をする大きな転換点なのである。

「一次的ことば」は家族など特定の親しい人たちとの言葉のやり取りな

ので、1対1の会話で自分と相手との相互のやり取りで展開していく。それに対して、子どもが学童期に入って新たに獲得を求められる「二次的ことば」は、自分の側からの一方向の伝達行為であり、自分で伝達している間は相手からの直接的なフィードバックは期待できない。つまり自分で話の内容や筋を設計し、調整しなければならない。しかも「二次的ことば」は学校や社会の不特定の一般者が対象で、置かれる状況が具体現実的場面ではなく、現実を離れた場面であることが多い。したがって「二次的ことば」は、単に1対1の会話の延長上に生まれてくるというよりも、極めて異質な新しい言葉の使い方なのであり、子どもにとって習熟することが難しい。

　そうすると「二次的ことば」への移行は「一次的ことば」のはらんでいる豊かさを含み込みながら学習を重ねていくことが考えられなければならないだろう。その豊かさとは、例えば言葉を情動的なコミュニケーションの一部として用いたり、言葉と直結した感情や自由なイメージが思い起こされたり、言葉を交わすことのおもしろさや言葉の音声面に対して興味を抱いたりすることなどである。

　「一次的ことば」と「二次的ことば」を統合し「一次的ことば」を対話として育てていくことがよりよい方向として示されている。「他者のことばと自己のことばを組み合わせながら、相手との共同作業を通して共通のテーマを追求し、そこに相手とのより深い共有世界を実現してゆこうとする態度と技術」［岡本1985：198］が必要とされる。子どもは、言葉の文脈だけで不特定の一般者に向けて意味を伝えていく世界に一足飛びに踏み込めるわけではない。「一次的ことば」の良さが働き続けるような「話し言葉」の授業の工夫が望まれるだろう。

3．「話し言葉」の指導領域

　「話し言葉」の教育内容には五つの領域が考えられる［山元2011：102］。
　「基盤領域」は態度形成の領域で、人と積極的に言葉を交わそうとする

意欲をもち、人の言葉を受けとめて聞こうとする態度を身につけさせるという根幹をなす領域である。

ここには二つの側面が示されている。一つは「聞く」で、他の四つの領域のどれに関しても土台となるものであり、受容的に聞く、創造的に聞く、批判的に聞くの3点が示されている。もう一つは「教室コミュニケーション文化の形成」で、話す習慣、反応を返す習慣、教室の雰囲気、聞く際の情緒、話し合いへの意識の5点について具体的に挙げられている。一人ひとりの聞く力の育成と学び合う集団として必要なコミュニケーションルールの獲得が、話し言葉の教育の基盤をなすという考え方である。

「第1領域 基礎技能」は話し言葉の技能にあたる内容で、意識して訓練することで学習させることができる類のものである。具体的には、発音・発声・アクセント・イントネーション、アイコンタクト、めりはりをつける話し方（声の大きさ、間、プロミネンス）、場に適した言葉遣い（敬語、方言）が挙げられている。

「第2領域 独話」は、まとまった話を多人数に向かって話す領域である。「親和のための独話」「報告・説明のための独話」「説得・主張のための独話」に分けられ、具体的な形態として、スピーチ、独話活動、伝言、プレゼンテーション、発表、弁論などが挙げられている。この領域は話し手と聞き手が固定的で一方向性である。

「第3領域 対話」は対話活動、「第4領域 話し合い」は話し合い活動の領域で、第3領域は第4領域の基礎を養う領域とされる。どちらも「合意形成」「問題解決」「アイディアの創造」「相互啓発」という目的・機能をもち、ここでは話し手と聞き手が双方向性である。

第3領域の具体的な形態は、1対1の対等関係にあるもの同士の対話、対談、インタビューなどで、第4領域はパネルディスカッション、討議、会議、ディベート、鼎談、バズセッション、少人数（3～5人）の話し合いなどである。

第4領域を、対話領域で培った力を土台にしながら力を積み上げていく領域とする考え方には、たとえばディベートや会議のような決着をつける話

し合いであっても、その根幹では対話による協働的コミュニケーションが大切にされなければならないという姿勢をみることができる。

　以上「話し言葉」に焦点をあて、「話し言葉」自体の特質、学童期としての特質、教育を行うにあたっての指導領域を概観してきた。これらを踏まえ、次節では学習指導要領の大まかな推移と内容をみていこう。

第2節　学習指導要領の「話すこと・聞くこと」

1.「伝え合う力」の登場

　1977（昭和52）年版学習指導要領、つまり3回前に改訂された学習指導要領は、〔言語事項〕・A表現・B理解という2領域1事項で構成されていた。そして「話すこと」はA表現の後半に、「聞くこと」はB理解の後半に位置づけられていた。昭和52年版学習指導要領は表現力重視であったが、国語科を作文力養成を中核とする教科として編成したという性格をもっていたため「書くこと」が強く打ち出されていたのである。

　次の1989（平成元）年版学習指導要領ではその順が入れ替わり、A表現は「話すこと」「書くこと」の順に、B理解は「聞くこと」「読むこと」の順になった。さらに「第3　指導計画の作成と各学年にわたる内容の取り扱い」にも「1⑷　音声言語に関する指導については、文字言語の指導との関連を図るとともに……」と音声言語に関する事項が加えられたり、小学校学習指導要領解説国語編で「音声言語」「文字言語」や「音声表現」「文字表現」などの文言が多く使われたりしているように、「話すこと」「聞くこと」が重視される方向をみることができる。

　国語科の目標に「伝え合う力を高める」という言葉が加えられたのが1998（平成10）年版学習指導要領である。互いの立場や考えを尊重しながら言葉で伝え合う能力の育成を重視して新たに位置づけられている。「伝え合う力」は小学校学習指導要領解説国語編で「人間と人間との関係の中

で、互いの立場や考えを尊重しながら、言語を通して適切に表現したり理解したりする力である」とされている。また、それまでの2領域1事項が改められて3領域1事項となり、1番目に「A話すこと・聞くこと」、続いて「B書くこと」「C読むこと」という構成となった。それまで「話すこと」と「聞くこと」は個々に取り上げられていたのに対し、「話すこと・聞くこと」と一つにまとめられた上にこの領域が先頭に置かれたということは、言葉で伝え合う能力を育成することに重点を置いて内容の改善が図られたことの表れととらえることができる。

このように1989（平成元）年版学習指導要領と1998（平成10）年版学習指導要領で「話すこと・聞くこと」重視の姿勢が打ち出され、現行の2008（平成20）年版学習指導要領へと至っているのである。

2. 2008（平成20）年版学習指導要領

2008（平成20）年版学習指導要領の「A 話すこと・聞くこと」の指導事項は、次のように構成されている。

- 話題設定や取材に関する指導事項
- 話すことに関する指導事項
- 聞くことに関する指導事項
- 話し合うことに関する指導事項

初めの二つの項目について新設された内容を確認しよう。

「話題設定や取材に関する指導事項」は項目自体が新しく、話題を設定して学習活動を見通し、実際に話したり聞いたりする活動を主体的に行えるように新設された項目である。学年が上がるにつれ、話題の抽象度が「身近なことや経験したこと」から「関心のあることなど」「考えたことや伝えたいこと」へと高められている。取材に関しても、「必要な事柄を思い出すこと」から、「必要な事柄について調べ、要点をメモすること」へ、

さらに「収集した知識や情報を関係付けること」へと、直接経験から資料へと取材の範囲が広がっている。

「話すことに関する指導事項」は、イで示されているのが話すことの構成や内容及び言葉遣いに関する指導事項、ウが話すことの音声に関する指導事項である。ウは、1998（平成10）年版学習指導要領の〔言語事項〕に位置付けられていたものが、音声化に関する知識や技能は実際の話すことの場で生かされてこそ意味のあるものになるという考えから、「A　話すこと・聞くこと」領域に移された。第1学年及び第2学年の「ウ　姿勢や口形、声の大きさや速さなどに注意して、はっきりした発音で話すこと」のうち「声の大きさや速さ」は、基礎的であるため旧第3学年及び第4学年の言語事項から移されたものである。また第3学年及び第4学年では、「相手を見たり、言葉の抑揚や強弱、間の取り方に注意したりして話すこと」と、ノンバーバルなことも付加されている。

「聞くことに関する指導事項」と「話し合いに関する事項」も、旧学習指導要領をより充実させる方向が取られている。

もう一つ確認すべき点は、内容の(2)に言語活動が具体的に例示されたことである。

言語活動は、旧学習指導要領では「3　内容の取扱い」に示されていたが、「2　内容」の(2)に位置付けられた。このことは、(1)の指導事項と密接な関連を図り、確実に言語能力を育成しようとしたもので、「話したり、聞いたりすること」というように双方向的な活動も強調されている。言語活動の内容は次のようなものになっており、学年に応じて3～4の例示がなされている。

・説明や報告、感想や意見に関する言語活動例
・協議や討論など話し合いに関する言語活動例
・挨拶や連絡などに関する言語活動例
・図表や写真などを利用した言語活動例
・紹介や推薦などに関する言語活動例

図表や写真などが取り入れられたことは、PISA型読解力やメディアリテラシーなど社会の要請と連続しているととらえることができる。
　なお、「A　話すこと・聞くこと」の領域ではなく「伝統的な言語文化と国語の特質に関する事項」に次のような項目が新設された。

第５学年及び第６学年
　イ　言葉の特徴やきまりに関する事項
　　（ア）話し言葉と書き言葉との違いに気付くこと

　音声言語としての話し言葉と、文字言語としての書き言葉の特色や役割に気付かせるものである。小学校学習指導要領解説国語編の解説は次のようなものである。

　　音声は、発せられた途端に消えていくので、話し言葉は遡って内容を確認することができない。このことによって、複雑な構文や誤解されやすい同音異義語を避けるなど、さまざまな表現上の特質が生まれる。聞き手や場面の状況の影響を強く受けながら表現及び理解が進められるという特質もある。

　「話すこと・聞くこと」の言語運用能力を高めると同時に、「話し言葉」の特質にも少しずつ気付くようにし、豊かな話し手、聞き手を育てていきたいものである。

第3節　授業実践

1. １年生が「興味をもって」話し、聞く授業

目標
　・必要な事柄を思い出したり、みて確かめたりしながら、順序立てて

話すことができる。(話すこと)
・友だちの話を興味をもって聞くことができる。(聞くこと)

　1年生の6月に行われた授業で、単元名は「こんな　いしを　みつけたよ」である。教科書をもとにしつつ子どもの実態に合わせて展開が工夫されている(東京都品川区立小学校　西田圭子先生)。
　以下に引用する子どもたちの姿は、この時期の1年生の実態が細かくとらえられており、第1節と照らし合わせてみると大変参考になる。

〔話すこと〕
　伝えたいことがあると教師の前にきて周りの様子が目に入らないくらいの勢いで話す児童が多くいる。しかし、一番伝えたいこと(結論)や主語・述語を意識して話すことが現状では難しく、長い話をひと続きにするので、聞いている教師だけでなく、話している児童も途中でよくわからなくなってしまうことがある。その他にも、話したいのに言葉がつながらず単語で話す児童や、自分しか目に入らず一方的に話す児童もおり、日常生活ではトラブルの原因にもなることがある。

〔聞くこと〕
　自分の興味がある話を部分的に聞いている子どもが多いのが現状である。また、話しているときは相手に聞いてほしいという思いを強くもっているのに、聞いているときには途中で自分の気になることがあると相手の話を遮り、自分の話を始めるという姿も多く見られる。また、自分の知りたいことだけを知りたがり、最後まで聞くことができない児童も多くいる。

　4月からの観察の結果とらえたこのような実態に対して、西田先生は次のような手立てを行っている。話型を利用しながら1対1で話すこと、場の人数が多くなって声が小さくなった際には安心して話せるように教師がそばにつくこと、相手を見て最後まで聞けるように「自分と相手」を意識させること。そして、単元「こんな　いしを　みつけたよ」では、友だち

に確かに伝わるように話し、相手の話を興味をもって聞けるよう本実践を行った。

　　事　前　石に興味をもつことができるようにブックトークを聞く。
　　第1時　石にまつわる体験を1対1で話し「わたしの石さがし」をする。
　　第2時　特徴や理由を表す言葉を見つけ、写真の石に名前をつける。
　　第3時　「わたしの石」の特徴を生かして名前をつける。
　　第4時　名前とその理由を話型に沿って順序よく話し、質問をして聞く。
　　第5時　名前と理由の他に話したいことを選び、順序立てて話し、聞く。

　実践の特徴は二つある。まず、身近な素材から石を選んだことである。身近である上に説明のために自分の経験や体験を話すときにはあまり使わない語彙を引き出すことができると判断している。また、ボランティアの方の力を借りてブックトークで5冊の本の紹介も行い興味をもたせている。このようにして「わたしの石」に名前をつける活動につなげ、学習全体を支える意欲を育てている。これは情意の観点である。
　もう一つの特徴は、話型・モデルの利用とカードの利用である。第4時では「わたしの石」につけた名前と「〜からです」を使って理由を話すため黒板に話型として提示し、教師が実際に音声でモデルを示した。これによって基本的な話し方を身につけ、友だちによくわかる話し方を定着させているのである。第5時は、第4時を発展させて なまえ 　なまえのわけ に六つのカードを加え利用させている。そのカードから自分が話したいものを2〜3枚選び、自分で順序を決めて話すのだが、西田先生のアイディアは9枚目の空白　　　のカードにある。
　 いろ　かたち　てざわり　みつけたばしょ　おもさ　すきなところ の6枚と、空白　　　のカードとを合わせた合計9枚から、子どもたちは自分で順序を考えて話を構成し、相手にわかるように自分の石を説明していた。空白のカードは「その他」ということであり、初めから自分で考えた観点として利用することも、やり取りの途中で思い浮かんだ内容を加える

ことも可能となる。

　話型とモデルから定着させているのは話すことの技能の観点、話の構成を考えることは認知の観点である。

　第4時と第5時は机の並べ方も工夫され、子どもたちは移動して相手を変えては何度も説明と質問と応じる活動を繰り返していた。何度も行うことで話し方が定着すると同時に、自分の力で話し方に工夫を加えることも行われ、自分と相手との双方向のやり取りの良さを実感することができる。

2. 5年生が「納得感」をもって話し合う授業

目標

・それぞれの考えや意見を関係付け、互いに納得のいく考えにまとめながら話し合う。（話し合うこと）

　5年生の11月に行われた授業で、単元名は「発信！　わたしたちのお弁当——献立を考えて、弁当屋さんに提案しよう」である。教科書の展開を参考にした上で、題材を変更して社会科や家庭科などと関連させ、自分たちの考えた献立を実際にお弁当屋さんに提案をするという単元である。（東京都武蔵野市立小学校　大村幸子先生）ここでもまず大村先生が子どもたちの姿をどうとらえているか、納得感に関わる部分を引用する。

〔納得感〕

　事前に行った質問紙調査によると、話し合いを好む子どもが多数いる一方で、話し合いをまとめる際に自分は納得していないと答えた子どもが半数近くおり、納得しながら話し合いを進めることができたという満足感をもつ児童が少ないことがわかる。その理由として、二つの実態が考えられる。一つめは、子どもが感じる納得が自分の意見が採用されるか否かにあるということにあり、互いに納得しながらまとめるという話し合いの良さを理解していないということである。二つめは、どのように意見を述べた

らよいのかがわからない、つまり、条件に照らし合わせて、客観性のある根拠を具体的に示しながら、考えを述べることができないということである。

そこで、目的に向かってお互いに納得のいく結論を導こうとする態度が生まれ、考えを一つにまとめることができるとともに、話し合うことそのものの良さや充実感を味わえるような単元を計画した。〈話し合いのポイント〉には、①互いの考えを関係付ける②目的、相手、条件に照らし合わせて、妥当性や適当性を吟味検討する、の２点を挙げた。

第１時　依頼による和食の弁当を提案するために話し合う見通しをもつ。
第２時　目的、意図、条件からお弁当のテーマを話し合って決める。
第３時　テーマに合わせた献立の内容や食材について自分の考えをもつ。
第４時　調べた知識や情報をもとにグループで話し合って献立を決める。
第５時　話し合ったことをもとに提案書にまとめる。学習をふりかえる。

第４時の冒頭で、質問紙法によって明らかになった実態を告げられると子どもたちはうなずき、苦笑いし、本当には納得感を味わっていなかったことを受けとめていた。

その後の展開では、「きのこの炊き込みご飯」と「おにぎり」の対立を「きのこの炊き込みご飯のおにぎり」とした場面がみられた。その姿を〈話し合いのポイント〉に照らし合わせて考察すると、①に関しては、「ああ食べやすいね。唐揚げもあるし」と食べやすさが関係付けの根拠となり、②に関しては、「紅葉狩りにいいよね」と目的に照らし合わせて納得をしていたことがわかる。

お弁当は主菜・副菜・副食と規定され栄養価と色合いも考慮に入れることとし、費用は300円、対象者と行楽の目的をはっきりさせてテーマとしていた。これらの条件が関係付けの根拠として適切に機能したときに、納得感の生まれる話し合いを実現することができるのである。第１節で挙げた「話し言葉」の指導領域の「第４領域」にあたる実践であり、「第３領

域」の対話による協働的コミュニケーションが土台となっていることをここでも確認することができよう。

　　　　　　　　　　お わ り に

　「Ａ　話すこと・聞くこと」領域で身につけた力は、他のＢ領域、Ｃ領域の学習と密接に関連し、他教科や総合的な学習の時間などの学習をも支える。授業においては目標を確かに定め、一つひとつの学習活動を積み重ねて子どもたちの力を高めていくようにしていきたい。

参考文献

岡本夏木『ことばと発達』岩波書店、1985年

高橋俊三編『音声言語指導大事典』明治図書出版、1999年

寺井正憲、吉田裕久編著（安彦忠彦監修）『国語編（小学校学習指導要領の解説と展開――Ｑ＆Ａと授業改善のポイント・展開例）』教育出版、2008年

浜本純逸『国語科教育総論』渓水社、2011年

村松賢一『対話能力を育む　話すこと・聞くことの学習――理論と実践』(21世紀型授業づくり17)明治図書出版、2001年

山元悦子「話しことばの教育」日本国語教育学会編『国語教育総合事典』朝倉書店、2011年

第2章

小学校
読むこと(文学)の教育と授業

はじめに

　小学校1年生の国語科教科書を最初からめくってみよう。どの教科書も言葉はなく、絵から始まっている。描かれた登場人物が「読み手」の読みによって動き出す物語性のある絵である。ここから、母語の母語による教育が始まる。言葉が物語を紡ぎ、物語が新たな言葉を生む。このことをおさえながら、読むことの授業を考えていくことにしたい。

第1節　文学的文章を教室で読むことの意義（目標と内容）

1．文学作品を読む

　人は多くの「物語」に囲まれている。いや、囲まれているだけではなく、物語ることによって自己を認識したり、他者を理解しようとしたりする。

コミュニケーションは必然的に物語性をはらむ。これらの物語が文章（作品）という形になったものが文学作品なのかもしれない。

この物語、すなわち文学作品を教室で読む意義はどこにあるのだろうか。なぜ国語科の授業で文学作品を読むのだろうか。

文学作品は虚構である。すなわち語り手により人物や場面が設定され、あるストーリー（出来事）が進行する。読み手はその言語表現を読み、その作品世界を想像していく。

そこにおいて働くのは、読解力・想像力・思考力・認識力等の「力」である。文学を目にし、あるいは心内で音にし、その意味を文脈という流れの中でとらえる。そこでは辞書的な意味をつなげても十分な想像はできない。自分の過去の経験、自分なりの脳内辞書を活用して想像し、思考し世界は見えてくる。そのときに新しい認識も生まれてくる。

この活動はもちろん文学的文章に限ったことではない。「説明的文章」を読んだときにも同様の知的活動は行われるが、文学の読みにおいてはそれが虚構世界で行われるのである。虚構世界は非現実世界でもある。しかし、単なる観念、無意味な世界ではない。虚構だからこそそこに現実が反映される。読み手は、語られる物語によって新しい世界を知ったり、現実を再認識したりするのである。

ここに文学的文章を教材として読む意義と価値がある。虚構の世界が描かれた文学的文章を読み、想像の世界を広げ、新しい世界、あるいは未知の他者に出会うことは、言葉を通して世界を認識していくことである。これは人として成長していくことでもある。読むことによって自己や社会の在り方、在りようを考え自分のものとしていくのである。この読む力の育成が「読むこと」の授業の目標である。ただし繰り返しになるが、その読む力とは単に言葉の意味を辞書的な意味に置き換える力ではない。言葉から新しい言葉を生み出す力である。自分の世界を広げる力である。

2．読むことで学ぶ

　読むためには文章に出てくる言葉を知らなければならない。学習指導要領の「国語の特質に関する事項」にあるような「知識」である。さらに、あらすじや人物設定、情景描写といった物語特有の表現の「読み方」も知らなければならない。知ることによってよりよく読めるのである。

　これらはあらかじめ知っていることもあるだろうし、読み進める中で学んでいくという側面もあるだろう。

　場合によってはこのような特定の知識や事項のみを取り出して学習することもある（もちろんこれらは文学的文章に限ったことではない）。ひとまとまりの文章表現である作品を子どもたちが読むためには言語的な抵抗は少ない方がよいし、それを取り除くための指導は不可欠だからである。

　これらは、いわゆる「作品（教材）の語句で」あるいは「作品の表現を使って」学ぶ内容である。日本語（母語）についての学習活動であるから、それは国語科という教科でなされねばならない「教科内容」である。

　一方、1. で述べたように、新たな認識力や想像力等の獲得という、読むという行為によって得られるより大きな学びの内容がある。これらは教科という便宜的な枠を超えた「教育内容」である。けれどもこの教育内容に対して、これを読めばこういう力がつくといったような絶対的な教材作品はない。個々の作品（教科）の中の教育内容や価値を授業化することになる。

　以上のような課題を、「作品で学ぶ」のか「作品を学ぶ」のかと二項対立的にとらえることがあるが、どちらが大事かという比較は意味がない。言葉を学ぶことはそのまま人間とその社会を学ぶことであることを考えれば、両方あるのである。つまり、読むことで普遍的な言語事項を学びつつ、その作品の固有の世界をとらえていくのである。そのためには、教師がその作品（教材）でしかできないこと、すなわちその作品の教育的価値を見出していかなくてはならない。それが、まとまって国語科という教科の内容になり、さらに広げて教育内容という子どもが学ぶ内容になるのである。

　もちろん、文学的文章の読みは言語（母語）学習のすべてではない。万

能でもない。文学的文章の読みでしかできないことをおさえつつ、言語学習は４領域（聞く、話す、読む、聞く）の総合的な言語活動によるものであることも意識しておきたい。

第2節　読むこと（文学）の教材研究

1. 読者として読む

　読むことの授業づくりは教師が教材である作品を読むことから始まる。教師もまた一読者である。まず読者として読みどうであったかが出発点となる。一読者であるから、面白くて感動することもあれば、あまり興味もてず否定的に読了することもある。いずれにせよ、一読後の思いは以後の授業に向かう出発点となる。

　ここで、教師が面白くないと思うものを子どもに読ませてよいのだろうかと考えもあるが、多くの場合教材はすでに教科書教材として存在している。教科書外の作品でこれぞというものが自由に教材にできればよいのだが現実的にはなかなか難しい。もちろん、教師が否定的な感想をもっても子どもにとっては面白いという場合も当然想定できるので、好みだけで教材を決めることはできない。しかし、好悪は別として、その作品をそれこそ徹底的に読んでおくことはまずしておかなくてはならない。それは、教師がしっかりと読むことの体験をしておくということである。その体験を経てこの作品はこういう作品であると語れるようにしておきたい。それは作品における子どもにとっての価値の発見につながる。

　授業の流れの中で子どもの読みを相対化したり組織化したりするには、基準としての教師の読みの構築が不可欠なのである。それは「正解」となるような絶対的なものではない。個々の子どもが自分の読みをもとにしてさらなる読みをつくっていくための土台ともいえよう。また、子どもたちの読みの可能性を広げていく媒体であるともいえる。

2．担任教師として読む

一読者として読んだ後は教師として授業を想定して読むことになる。

このとき、どうしても「子どもにどう読ませるか」という観点になりがちである。学習活動を構成していかなければならないので、それはあってよい。しかし、その前の段階も忘れてはならない。それは「子どもはどう読むか」という観点での読みである。

授業の主人公は子どもである。その主体性を尊重するなら、教材である作品を子どもに選ばせるというやり方もあってよいだろう。だが実際は子どもの意向は考慮されない「教科書」が存在する。現象的には教師の側からの一方的な提示である。仕方のないところだが、そうであるならばますます「どう読ませるべきか」の前に「どう読むか」を意識しておきたい。

ここでの「子ども」は普通名詞ではない。固有名詞で語られるべき教室の子どもたちである。その一人ひとりの子どもたちはこの作品をどのように受け取るだろうか、読むだろうか。そもそも読めるだろうか。などと考えることは学級担任にしかできないことである。

このような価値があるのだからこう読ませたい。一方、子どもたちはここに反応するかもしれないし、表面的な読みで通り過ぎてしまうかもしれない。だから、この表現ではしっかり立ち止まりたい。というように、授業づくりは読者である教師の読みと担任である教師の読みの接点ともいえる場から考えていくべきだろう。

3．教材として読む

一読して終わりという授業はない。時間の制約はあるけれども繰り返し丁寧に読み進めていくのが読むことの授業の基本だろう。それに合わせて当然細かい部分まで教師は読み込んでおかなければならない。ただし、その細かい点をすべて授業で扱うことはない。読ませたい大事な部分、そのためにどこをどのように扱うのかということが次の具体的な授業づくり、

指導案づくりになっていく。

　ここではそのような教材研究として読み進めるときに留意しておきたい点をいくつか挙げておく。

❶ 題名

　子どもたちがまず目にするのは題名である。題名から本文の内容を想像させて通読への意識付けとすることはできる。また、題名の意味するところを読みの一つの課題とすることもできる。

❷ 作者と出典

　実体としての「作者」を重視し、「作者の述べたかったことは何か」といったように作者の側に読みの根拠を求める場合もある。しかし、それでは読み手の想像性が狭められてしまう。大切なのは読み手がどう読んでいくかであって、実在の作者（作家）については教師の側で作品の出典等と合わせて情報としておさえておけばよい。実際、子ども読者にとって作者はあまり目に入らないのではないか。逆に気をつけなければならないのは、例えば宮沢賢治作品のように伝記的知識があるために教師の側からあらかじめ読みの幅を狭めてしまうことである。

❸ 登場人物

　物語は人物の言動（会話と行動）によって展開していく。登場人物とその描かれ方は丁寧におさえておく必要がある。人物の心情ばかり問うことは慎みたいが、その人物になりきってみたり、距離をとって批評してみたり、自分と比べてみたりと心情も含めてとらえさせ方を工夫したい。

❹ 状況設定（情景）

　場面や時の設定である。現実的な作品はもちろんのこと、非現実な世界を描くファンタジー作品においても、情景描写などをきちんと読み取っておく必要がある。

❺ ストーリー

　ストーリーをおさえることは基本的なことだが、それだけではもちろん作品を読んだことにはならない。そのストーリーから何を読み取っていく

かである。単なる「あらすじ」としてとらえるのではなく、ストーリーの展開や描かれ方にどのような意味を発見していくかが「読み」である。

❻ **出来事（場面）**

　ストーリーと重ねて、そこで何か起こったのか、原因は何か、結果はどうなったのか、そしてその意味をとらえていく。

❼ **語り（語り手）**

　作品を語るのは語り手である。語り手は作者ではない。作者がある語り手を想定して語らせているのが文学作品である。子どもにそのあたりを理解させるのは難しいが、視点の設定、一人称なのか三人称なのかは、高学年になれば理解できるのではないか。その語り手によって語られた言葉を読み手は受け取り、虚構の世界を想像しそこに自分を入り込ませるのである。

❽ **語句、表現（レトリック）**

　作品中の語句はそれが子どもたちの生活語彙であるかどうかを見極めなければならない。そして、辞書的意味のみで終わらせるのか、重要語句として文脈の中でその意味をとらえさせていくのか、あらかじめ確認しておく必要がある。比喩のような文学的レトリックも同様である。

　以上主なものを挙げてみたが、もちろんこれらがすべてではない。何よりその作品の特徴、作品を作品ならしめている点を教材研究として取り出していきたい。

第3節　読むこと（文学）の授業づくり

1．教室で読み合う

　読むことは個人的な行為である。しかし、国語科の授業においては個人の行為では終わらない。各々が読むだけでは「読書」の時間である。個人読書ではない「読むこと」の授業は、個人の読みでは終始しないのである。

だが本来個人的な行為をわざわざ集団の場に引き出すのであるから、見方によっては不自然な活動かもしれない。しかし、それが教室で学ぶということなのである。授業という場において教育がなされるということである。
　子どもたちという読み手集団、学習者集団という基盤があって読むことの授業は成立する。この集団で行われるのは「読み合い」という活動である。読み合うという活動があるからこそ、読むことの教育の可能性が広がっているといってよい。そして、この読み合うという活動そのものがまた「読むこと」固有の意義や内容になっていくのである。
　個人的にある作品を読んで感動したとする。その感動によりものの見方や考え方が変わっていくこともあるだろう。しかし、それはどうしても個々の経験や言語能力といった個人という枠の中でのことになる。その枠を広げたり、枠そのものを深めたりするためには個に対しての他者の存在が不可欠である。他者からの情報、あるいは他者と交流することで個は成長していく。そのために学級全体に対しての発言、小集団での話し合い、対話、あるいは、ノート等に書かれた感想の発表、印刷されたものの読み合いなど、多様な交流活動を考えたい。
　読み合いという交流によって、なるほどそういう読み方もあったのかと知ることは、自分の世界が広がることでもある。

2. 授業を進める

　学習過程は目前の子どもたちに合わせて教師が構想していかなければならない。人がつくった指導（学習）過程に子どもを当てはめていくのは本末転倒である。先に述べたように教師の「作品と子ども」に対する読みから始めていきたい。
　もちろん教育の歴史の中で積み重ねられてきた基本的な指導過程や技術は大切にしなければならないし、それが一つの基盤にはなるだろう。だが、やはり「絶対」はない。定式化や法則化しがたいものが教育実践にはある。最終的には子どもを知る教師の判断によるのである。

以上の思いを踏まえて、実際に授業を進めていく上での留意点や検討すべき点などのいくつかを挙げてみる。
　まず、作品との出会わせ方である。題名から内容を想像し通読というのが一般的だろう。通読は教師の範読によって行うのか、子どもの音読あるいは黙読にするのか、等々は、その作品をどう読んでいくのかという方向性による。また、そもそも通読は行わないという方法もある。一読総合法である。通読をせず場面ごとに区切って丁寧に読んでいくのである。場合によってはこのような出会わせ方があってもよい。
　通読してあらましをとらえた後どうするか。初発の感想をとることがまず考えられる。子どもたちがどのように作品を受け取ったのか、最初の段階の読みを子ども自身に確認させるとともに教師も確認することで以後の活動が見えてくる場合がある。また、最後の段階でどれほど読みが深まったかを知る比較対象にもなる。だが、本当に通読後の段階で機械的に感想を明文化してしまってよいのだろうか。大まかに読んだだけの段階の感想はそれこそ大まかなのである。感想を表現させる意味を考えておきたい。
　仮に初発感想をとるなり、あるいは印象に残ったところ、疑問に思ったところを出し合ったとする。次に行うべきは、以後の「確かめ読み」「読み深め」のための課題づくりだろうか。読み合っていくべきところ、表現や内容をまとめていくのである。これもまた子どもたちの状況や作品によって変わってくる。子どもたちだけで焦点化できない場合は教師が行うこともあるだろう。出てきた課題の吟味も必要である。課題が読みの可能性を限定してしまうことも考えられるのである。ここでは読みの課題をまとめるのではなく広げてしまうこともできる。初発も含めて、子どもたちのそれぞれの感想をそのまま全体に示すのである。そして、感想の感想を求めていくのである。この場合は作品から離れてしまわないように注意しなければならない。
　そして、授業の中心は、場面ごとに丁寧に読んでいく段階である。ここで詳細に読みすぎることへの批判はかねてからある。検討すべきはその「詳細」の中身である。どこを詳細に読むべきなのか。それは、教師の読

みと子どもたちの読みから判断していくことになる。

　最後は、まとめたり広げたりする段階である。まとめでは、何らかの形で自分の読みを明確にさせておきたい。そして、それを再び交流するなどしてさらに次の段階に進めるようにするのである。次の段階とは、例えばより丁寧に読んで新しい世界を知ろうとしたり、別の作品を読もうとしたりする意欲である。

3. 授業の意味を考える

　言語活動という語が独り歩きをして「活動」に注目が集まりさまざまな読むことの活動が考案されてきているのが近年の状況である。読みの方法を多様に開発していくことに異存はないが、基本はあくまで「読む」ことである。読むことをしないで「活動」を行っても意味はない。読むことの活動は読むことなのである。読まれてこそ印刷された文字の羅列が作品となって現象してくるのである。

　つまり大事なことは、とにかくまず読むことである。文章に子どもを向き合わせることである。読む時間を保障することである。作品世界にじっくりと向き合いそこに入り込ませることである。そのきっかけを与えることである。その上で読みをさらに広げ深める「活動」を行いたい。

　例えば、吹き出しを使ったワークシートや内容紹介のパンフレットづくりなどの活動があるが、それらが「枠」にならないようにすべきだろう。また、「なぜ」とか「どうして」から始まる発問がある。その問いは果たして読みを生み出すだろうか。「なぜ」に対しては「だからです」と答えるしかない。そうではなく「どう読んだのか」「どう思ったのか」と問うべきなのである。

　現行の学習指導要領の解説編には「文学的文章の解釈」という表現があるが、学習指導要領の本文（指導事項）においては「文学」という語は用いられていない。その一方「物語や詩を読み、感想を述べ合うこと」（中学年言語活動例）というように「物語」は使われている。

現在、子どもたちの周りには多くの物語が存在するといえるのではないか。国語科の教科書に掲載されている教材作品はもちろんのこと、教室や図書室にある本。学校を出れば、マンガ、アニメ、ドラマ、そして種々のゲーム、みな何らかの物語である。それらを子どもたちはどのように享受しているのだろうか。それらの物語から何を得ているのだろうか。このような状況を認識しておきたい。教室で読むことはそれだけで閉じてはいないということである。

おわりに

　「伝え合う」ための、「適応」のための、「課題解決」のための、実用的言語の獲得が求められ、その一方で多様な「物語」が生産あるいは再生産されていく現代。そこから「要請」される授業もその中での評価も「実用」的になりがちである。文学はその対極に位置する。だからこそ「読むこと」を大切にしたいのである。そして、そこで教師に求められるのは、子どもの「読み」を信じ、子どもの「読み」を読んでいく力ではないだろうか。

参考文献

木下ひさし『読み合う教室へ——文学の「読み」の授業』百合出版、2004年
田近洵一、木下ひさし、笠井正信、中村龍一、牛山恵、ことばと教育の会編著『文学の教材研究——〈読み〉のおもしろさを掘り起こす』教育出版、2014年

第 3 章

小学校
読むこと(説明文)の教育と授業

はじめに

　かつて小学生だった人たちに、説明文（説明的文章）の学習の印象を聞いてみると、「内容に興味がもてないと意欲的に学習に取り組むことが難しかった」「読むことそのものが面倒だった」「筆者のいいたいことを考えたり、段落に分けたりするのが難しかった」など、マイナスイメージの答えが返ってくることが多い。

　その一方で、「読むことで新しい知識を身につけることができて、役に立った」「物語文のように、答えがたくさんあるのではなく、わかりやすかった」という、プラスイメージも出てくる。

　まさに、評価が賛否両論の説明文。どのように授業づくりをしたらよいのか考えてみたい。

第1節 説明文（説明的文書）とは

「説明文」とは、「何かの事象についてそのことを知らない読者にわかるように解明し、教える機能を持つ文章」［日本国語教育学会編 2009：249］であり、また、「文学的文章に対する説明的文章として広くとらえる場合と、『意見文』『観察記録文』『論文』などと区別して狭義にとらえる場合」［日本国語教育学会編 2011：424］でもあり、説明文という言い方は、その狭義のとらえ方であるとされている。

広義の説明文の教材としては、科学的説明文が圧倒的に多いが、文種としては、説明解説文、記録報告文、論説文、評論文が挙げられる。伝記や随筆なども説明文に加えられることがある。それぞれの特性を以下に解説する。

1. 説明解説文

「説明解説文」とは、相手に向かってある事柄を客観的に述べて知らせる「説明」と、事柄の説明に筆者の考えを交えて理解を促す「解説」の両方の意味を併せもつ文章である。小学校で学習する説明文のほとんどが、説明解説文である。通常、初めに問題が提起され、その後いくつかの事例をもとにして説明・解説がなされ、最後に筆者の意見や主張が述べられているという形式をとっている。

　　（例）・はたらくじどう車（教育出版1下）
　　　　・きつつき（教育出版2下）
　　　　・すがたをかえる大豆（光村図書三下　あおぞら）
　　　　・くらしの中の和と洋（東京書籍四下）
　　　　・アップとルーズで伝える（光村図書四下　はばたき）

2. 記録報告文

「記録報告文」とは、書き残しておく事実をまとめた「記録」や、事実やその背景、筆者の考察などを人に伝えるために書かれた「報告」の側面をもつ文章である。

「伝記」や「随筆」もこれに含むことがあるが、「伝記」は個人の記録を書き記した記録的文章で、文学的価値をもつものもある。また、「随筆」は、見聞・経験・感想などを書きとめた文章で、エッセイ・写生文・書簡・日記・コラムなども随筆に含めることがある。

(例)・百年後のふるさとを守る（光村図書五　銀河）
　　・手塚治虫（東京書籍五下）
　　・迷う（教育出版6上）

3. 論説文、評論文

「論説文」は、自分の意見を筋道を立てて述べた文章であり、あるものごとに関してその是非を論じたりする。それに対して、「評論文」は、ものごとについて評価的観点に立って論じた文章である。どちらも筆者の主張が事実をもとに示されている。

(例)・二十一世紀に生きる君たちへ（司馬遼太郎）（教育出版6下）
　　・「鳥獣戯画」を読む（光村図書六　創造）

第2節　説明文の学習で学ぶこと

1. 学習指導要領では

2008（平成20）年度版「小学校学習指導要領解説（国語編）」では以下のような指導事項が示されている（下線は各学年のキーワードとして筆者が付した）。

〔C 読むこと〕(1)
（第1学年及び第2学年）
　　イ　時間的な順序や事柄の順序などを考えながら内容の大体を読むこと。
（第3学年及び第4学年）
　　イ　目的に応じて、中心となる語や文をとらえて段落相互の関係や事実と意見との関係を考え、文章を読むこと。
（第5学年及び第6学年）
　　ウ　目的に応じて、文章の内容を的確に押さえて要旨をとらえたり、事実と感想、意見などとの関係を押さえ、自分の考えを明確にしながら読んだりすること。

また、その解説の部分には、特に上記の下線部について次のような具体的な内容が示されており、どのように学習指導を行うかのヒントになる。

①「時間的な順序や事柄の順序」に関して
　時間的な推移だけではなく、例えば事物のつくり方の手順などの事柄の順序、どのように文章を構成しているかという文章表現上の順序がある。

②「中心となる語や文をとらえる」について
　中心となる語や文に注目して要点をまとめたり、小見出しをつけたりするなどして内容を整理する。

③「事実と意見との関係」について
　事実と意見とがどのように区別されているのかを把握したり、文章における事実と意見の記述の仕方の違いについて気付いたりすることである。筆者がどのような「事実（現実の事象や出来事、科学的事実、社会的・歴史的事実、自分が直接経験した事実、間接的に見聞したり読んだりして得た間接的な事実など）」をどのように取り上げ、またそれらについての「意見（書き手や話し手が自分の思いや考えを述べたもの。そこには、断定的な意見や推

論による不確定な意見、助言や勧告、提案などが含まれていたり、私的な見解と公的な見解といった違いなどもあったりする)」をどのように述べているのかを、文章の内容や構成を把握することから考える。

④「段落相互の関係」について

段落の内部において、事実に対して意見を表す語句、文、段落を取り出し、これを関係付けながら、筆者がどのような事実や原因を理由として挙げ、それについてどのような考えや意見を述べようとしているのかをとらえる。

⑤「要旨」について

書き手が文章で取り上げている内容の中心となる事柄、あるいはそれについての書き手の考えの中心となる事柄をいう。要旨をとらえる際には、目的に応じて、何のために、どのようなことが必要かなどを明確にした上で、文章の重要な点を表現に即して的確におさえ、求められている分量や表現の仕方などに合わせてまとめる。また、文章に書かれている話題、理由や根拠となっている内容、構成の仕方や巧みな叙述などについても注意する。

⑥「自分の考えを明確にしながら読む」ことについて

筆者がどのような事実を事例として挙げ理由や根拠としているのか、また、どのような感想や意見、判断や主張などを行い、自分の考えを論証したり読み手を説得したりしようとしているのかなどについて、筆者の意図や思考を想定しながら文章全体の構成を把握し、自分の考えを明確にしていく。その過程においては、自分の知識や経験、考えなどと関係付けながら、自分の立場から書かれている意見についてどのように考えるか意識して読む。

このようにみてみると、各学年（発達段階）において、何を指導するのかが体系的に示されており、小学校段階で筆者の主張（要旨）をとらえ、

それと自分の考えとを比べたり、新たな自分の意見をもったりすることができるような説明文の読みの学習を目指していることがわかる。また、そのために、低学年のころには、書かれている事柄を順序よくとらえることができるように学習し、その上で中学年では事柄がどのような順序で示され、そこから何がわかるのかをとらえる学習を行う必要があることがわかるようになっている。

　さらに、以下のような「言語活動例」を通して、「C　読むこと」の指導事項を身につけるとしている。

（低学年）
・事物の仕組みなどについて説明した本や文章を読む。
・(物語や) 科学的なことについて書いた本や文章を読んで、感想を書く。

（中学年）
・記録や報告の文章、図鑑や事典などを読んで利用する。
・記録や報告の文章を読んでまとめたものを読み合う。
・必要な情報をうるために、読んだ内容に関連した他の本や文章などを読む。

（高学年）
・伝記を読み、自分の生き方について考える。
・自分の課題を解決するために、意見文や解説文を読む。
・編集の仕方や記事の書き方に注意して新聞を読む。
・読んだ本の推薦の文章を書く。

2．説明文の読みの学習を通して身につける力

　さらに、上記のような「言語活動」を通して読むことの「指導事項」を

身につけさせるだけではなく、読むことを通して以下のような力が伸びることを期待して学習を行いたい。

- 科学的な文章への興味関心を高め、進んで科学的な知識を身につけようと読書する姿勢や態度（低学年から）
- 目的をもって本や資料を探し、幅広く読書したり、学習に役立てたりする姿勢や態度（中学年から）
- 書き手の思考や主張をとらえながら読むことを通して、論理的にものごとを考え、柔軟なものの見方や考え方ができる人間性（高学年から中学生・高校生）

　説明文に書かれている題材は、動植物や身の回りの事物、自然界の変化、人や人間、日本やさまざまな国の歴史、さらには言葉や心など多岐にわたる。そのようなものに対する愛情や畏敬の念も思い起こすことができるよう教材価値を見出せるようにしたい。

第3節　説明文の授業実践例（4年生）

1. 単元の概要

　次に、説明文の学習の一例を紹介する。学習者自らが説明文を読む価値を意識し、主体的に取り組むためには、「読むこと」の活動だけでなく、「書くこと」「話し合い、聞き合うこと」をもとり入れた単元的な扱いが必要である。ここでは、教科書の教材を活用して身近な問題に取り組む、国語科単元学習を構想してみた。

（1）単元名

第4学年「写真を使って学校紹介をしよう」――「アップとルーズで伝

える」(光村図書4年下) の「読むこと」の学習をいかして

(2) 単元のねらい

- 伝えたい目的や内容に応じて表現方法が異なることに気付き、自分の表現に役立てることができる。(関心・意欲・態度)
- 文章全体の構成と段落との関係や写真と文章の対応関係に気付くことを通して、「伝えたい内容に応じて映像を選んでいる」という筆者の結論を理解することができる。(読むこと)
- 学校のいいところを見つけて題材を決め、伝えたい内容に応じて写真と文章を工夫して表現することができる。(書くこと)

(3) 指 導 観

○単元観

　本単元は、説明文を読み、文章全体における段落相互の関係を理解し、目的や必要に応じて資料を選び、理由や事例を挙げて書くことができる力を身につける学習である。単元の初めに、校長先生からの依頼を受けて新一年生の保護者に対する学校説明会の際に、学校の様子を紹介するポスターを書くことになったこと、4年生が国語の学習と結びつけて写真と文章で「学校紹介」ができるのではないかと考えたことを伝えれば、学習への見通しと意欲をもたせることができるであろう。また、同時に目的と必要感を伴う学習ともなる。

　教材文の「アップとルーズで伝える」を読む際には、アップとルーズの違い、アップやルーズで伝える良さ、写真と文章との対応、段落相互の関係や役割に着目して文章を読む。筆者がアップとルーズを対比的に取り上げて説明していること、それぞれの良さを伝えたい目的に応じて選択していることを理解することから、学校紹介の写真を効果的に活用し、説明する文章を書くことへつなげていく。作成した「学校紹介ポスター」は、保護者の目に留まるだけでなく、児童同士が読み合ってお互いの文章を評価し合う活動にもつなげていく。さらに、友だちの書いたポスターを読むこ

とを通して、自分の学校の魅力を再発見することにもつながるのではないかと期待できる。

○児童観

3年生の学習では、「せつめいのしかたを考えよう」(『すがたをかえる大豆』)の学習を通して、中心となる語や文をとらえる学習や段落相互の関係をとらえる学習を行ってきている。本単元は、その延長線上にあるが、より筆者が何をどのように説明しているのか、筆者の説明の意図をとらえるように発展的なねらいにまで高めることができる。

このころの児童は、どちらかというとアップの写真や映像の方を好み、「わかりやすい」とか「かっこいい」などととらえることが多い。しかし、筆者のいうように「アップとルーズには、それぞれ伝えられることと伝えられないことがあり」、多くの写真の中から「目的にいちばん合うものを選んで使うようにしている」ことや、「受け手が知りたいこと」や「送り手が伝えたいこと」を考えてアップやルーズを選んでいることに価値を見出せることが大切である。そのことを通して、自分が送り手として伝えたいことは何か、受け手の保護者の方が知りたいことは何かを考え、学校紹介で使う写真を選び、文章を吟味するような学習を行えるようにしたい。

○教材観

本教材は、児童がよく目にするメディアであるテレビの映像技法を取り上げたものである。映像からの情報は、そのまま真実として児童に伝わるのであろうが、そのような映像は送り手の価値判断を加えた上で取捨選択され、伝える側の意図が反映されたものなのだということに気付くよいきっかけとなる教材である。

全体は、八つの段落で構成されている。

①②③の段落では、2枚の写真をもとに、アップとルーズの定義を説明し、「どのような違いがあるのか」という問いを提示している。

④⑤の段落で、アップとルーズのそれぞれの映像において伝えられるこ

とと伝えられないことを平等に説明する。つまり、③で提示した問いに対する答えは、④⑤の中で解説されている。そして、⑥の段落で④と⑤の比較を通して筆者の結論（アップとルーズには、それぞれ伝えられることと伝えられないことがあること、目的に応じてアップとルーズを切り替えながら放送していること）を提示している。

　⑦⑧の段落では、写真の例を加えた上で、テレビや新聞といった児童にとって身近なメディアに話題を広げ、「知りたいこと」や「伝えたいこと」に合わせて映像を選択しているという筆者の伝えたい考えを提示している。

　「学校紹介ポスター」を書く際には、児童の伝えたいことは何か、そのための写真はアップか／ルーズか／両方か、それらをどのように活用してどのような文章を付けてポスターにするのか、選択した写真は文章の内容と合っているかなどについて、教材文をふりかえりながら学習を進めていくことができるであろう。

（4）指導の工夫

- 「学校紹介ポスター」を作って、保護者に学校のよいところを紹介するという見通しを最初にもたせ、主体的に学習に取り組めるようにする。
- 使う写真はどんなものがよいのか、「アップとルーズで伝える」の教材文を読んで自分で選ぶようにさせる。（アップ／ルーズ／アップとルーズ両方）
- 写真を使った取材メモや、実際にみた現場の様子をいかして「学校紹介ポスター」を作成する。
- 作成したポスターを交流して読み合い、感想を話し合うようにする。

（5）単元の指導計画（12時間程度）

- 単元の展開・学校の紹介を4年生にお願いしたいという校長先生の話を聞き、学習の見通しをもつ。

新1年生の保護者の方に、写真を使ったポスターで学校紹介をしよう。

- 「アップとルーズで伝える」を読み、読むことの学習計画を立てる。
- 第1～3段落を読み、「アップ」と「ルーズ」の意味を理解する。
- 第4～6段落を読み、「アップ」と「ルーズ」それぞれの特性を理解する。
- 第7、8段落を読み、「アップ」と「ルーズ」が目的に応じて使い分けられていることを理解する。
- 文章全体の構成や段落相互の関係をまとめる。
- 紹介したい学校の場所やものや人について話し合い、分担して「アップ」と「ルーズ」の写真を撮る。
- 「アップ」と「ルーズ」の写真のそれぞれについて作文メモを書く。
- 作文メモをもとにポスターの下書きを書き、交換して読み合う（「アップ」と「ルーズ」の片方、または両方の写真を目的に応じて使う）。

- 清書して仕上げる。
- 掲示されたポスターを見て、学習のまとめとふりかえりをする（保護者の感想を聞くなども含む）。

2. 学習指導のポイント

（1）一人ひとりが課題意識をもって取り組む学校紹介ポスター

　教師の投げかけによって児童は、「自分たちが新1年生の保護者の方に学校のいいところを紹介するのだ」「学校のいいところ（人、もの、場所など）はたくさんあるから、みんなで分担してそれぞれ違うところを紹介したい」「入学することが楽しみになるようにしてあげたい」などのように

学習の目的をもつことができる。

　さらに、多くの人にみてもらうことを伝え、「文字を丁寧に書く」「点や丸などの約束も守って書く」「よく読み直したり、読み合ったりしてわかりやすい文章にする」などの表現のめあても引き出すことができるだろう。

（2）「読むこと」に関する意欲

　文章を書くために読むという目的意識をもった「読むこと」の学習ができる。特に、教材文の「しかし」「でも」という言葉の前後に「伝えられること」と「伝えられないこと」が対比的に書かれていること、アップの長所とルーズの短所、ルーズの長所とアップの短所とが同じ内容になっていることに気付くことで、どちらにも良いところがあり、目的に応じて選ぶことが大切であるといっている筆者の意図に気付かせたい。

　実際に学校紹介で使う写真をもとに、教材文の説明の仕方をいかしてアップの説明とルーズの説明をし、どの写真を使うのが効果的か決めるようにする。全体のことを最初に紹介したいのか、ある部分のことを最初に紹介したいのかを考えさせ、そのことをもとにアップとルーズ両方を選択するか、どちらかを使うかは児童に任せる。時間が余った児童には、もう片方の写真についても紹介文を作成し、比べさせてもよい。

（3）「学校紹介ポスター」を書くことへの支援

　読むことや書くことの力は一人ひとり違うであろうから、モデルとなる教材や支援の方法は十分に検討する必要がある。具体的には次のようなことに留意する。

- 実際に撮った学校の写真を導入場面で使用し、その後の学習の見通しがもてるようにする。
- 教師が作成した学校紹介のポスターを提示し、活用できるところを見付けるようにさせる。
- 書き出し文の例をいくつか提示し、迷った際には選べるようにする。

図1　教師の作成したモデル

図2　児童の作品例

- アップとルーズの写真のそれぞれの取材メモを作成し、取材メモをいかして文章を書くようにする。
- 清書する前に隣同士やグループで交換して読み合い、よいところを見つけて伝え合う、自分の書いたものを修正する、点や丸などの諸記号を再点検するなどの推敲活動を行う。

おわりに

　おもしろい／難しい……評価が賛否両論と思われた説明文。学校を紹介するという行動目標を示すことで学習に有用感が生まれ、意欲的に取り組めるのではないか。また、「読むこと」で終わらず「書くこと」に発展させ、読むことで習得した知識・理解を書くことで活用する単元展開とした。
　説明文を読むことに限ったことではないが、読むことの学習をする上で大切なことは、「なぜ読むのか」「何のために読むのか」ではないだろうか。そのことが明確になっていれば、児童は学習に主体的に取り組んでくれる

であろう。「もっと知りたいから読む」「人に知らせたいから読む」「書くために読む」などさまざまな読む目的が考えられよう。読む目的を明確にし、課題を解決するため、目標を達成するために学習する……。「写真を使って学校紹介をする（ポスターを書く）学習」と「『アップとルーズで伝える』という説明文を読む学習」は、国語科単元学習として結びつき、言葉の学習を行いながら、学校の魅力を再発見することも可能となる学習となる。また、学校の魅力を伝えた達成感も味わえるのではないだろうか。

　今後は、このような教科書の教材文を活用した国語科単元学習を構想していくことが多くの実践家の手によって開発されていくことを期待したい。

　最後に、この章で紹介した実践事例は江東区立浅間堅川小学校における校内研究会での取り組みを参考に構想したものであることを御礼と共に付け加えておきたい。

参考文献

中原國明、大熊徹編『国語科授業用語の手引き──実践へのヒント』（第二版）教育出版、2006年

日本国語教育学会編『国語教育事典』（新装版）朝倉書店、2009年

日本国語教育学会編『国語教育総合事典』朝倉書店、2011年

水戸部修治編『「単元を貫く言語活動」授業づくり徹底解説＆実践事例24』明治図書出版、2013年

文部科学省編『小学校学習指導要領解説　国語編』東洋館出版社、2008年

第4章

小学校
書くことの教育と授業

はじめに

大熊は、書く力を表層、中層、深層でとらえて以下のようにいう［大熊2012］。

　『表層』とは、一般的に書く力と言われているものです。すなわち、主題力、取材・集材力、構成力、記述力、推敲力等の書く力です。書くことの指導は、表層の力だけを対象にすることが多いのですが、それだけでは書く力の本質を指導しているとは言い難いのです。(中略)『中層』の書く力は、表層の書く力の基盤となる力です。すなわち、書字力、語彙・語句力、表記力、文法力、文章構成力等のいわゆる国語の特質に関する事項です。(中略)『深層』の書く力は、表層の書く力、あるいは、中層の書く力の基盤を形成する書く力です。右図のように書く力全体において、表層よりも中層よりも大きなスペースを占める最も大事な書く力です。深層の書く力とは、書くことへの興味・関心・意欲、前向きな態度などです。さらには、思考力、判断力、観察力、知覚力、感受性、表象力等の認識諸能力です。

書けない子に書く技能だけを習得する学習をさせても、書くことが嫌いになり、書く習慣が身につかない。言葉を紡ぎだす思考力・認識力・判断力が育たなければ実生活や他教科に生きる書く力にはならない。大熊のいう深層の力を育てる指導を行っていく必要がある。

図1　書く力の三層構造
出所：[大熊 2012] をもとに作成

では大熊の主張するような書く力を身につけるにはどのようにしたらよいのだろうか。子どもたちに思考力・判断力までも身につけさせ、なおかつ意欲までも育てなくてはならない。その方法論として、筆者は学習環境デザインという新しい授業の考え方を提案する。

第1節　学習環境デザイン

1. 学習環境デザインとは

学習環境という用語は、先行研究から、以下のように定義できる。

> 学習環境とは学習者が経験・内省のプロセスを通して、主体的に人工物（artifact）を結びつけ、学習者が知識を構成することを支援したり、方向付けたりするように人工物を配置したもの。

ここでいう人工物とはものだけを指すのではなく、言語、知識、他者など学習者の意識にあがったものを人工物とする。つまり人工物を配置して

いくことが学習環境デザインとなる。このような学習環境デザインを通して、学習者が主体的に知識を構成する支援を行うことが重要になってくる。学習環境をデザインするにあたって、美馬・山内は、活動、空間、共同体の三つの要素を挙げているので、要約して紹介する［美馬・山内 2014］。

> 活動（activity）で、最も大切なのは、学習が生起する可能性が高い濃密な活動のアイディアを用意することである。次は空間（space）である。必要な情報やものが適切なときに手に入り、仲間とのコミュニケーションが容易に行えるような空間をデザインする必要がある。最後に共同体である。目標を共有したり、全員に参加の方法を保証したりすることが挙げられる。

子どもたちが主体的に活動してこそ、意欲や深層の書く力を育てることができる。その方法論として学習環境デザインは最適なものであると考えられる。それでは具体的にどのように活動・空間・共同体をデザインして子どもの学習を成立させていけばよいのだろうか。

2. 活動

活動のデザインのポイントとして以下の二つが挙げられる。

（1）０次の学習

大熊は１次の前に０次段階を置くことを主張している［大熊 2012］。

> 導入の前に、子どもたちに課題意識や興味・関心を十分に醸成する時間をとりたい。さらに言えば、子どもの捉えた課題意識なり興味・関心なりが抽象的なものではなく、子どもを取り巻く現実生活の中からのものであることが望ましい。

つまり、０次の学習とは、単元を始める前に児童が書きたい、と思うよ

図2　活用の逆三角形
出所：［大熊 2012］をもとに作成

うに意欲を醸成しておく段階をとることである。また0次は子どもの学習意欲を高め、学習を主体的にするだけではない。子どもの思いを大切にして単元を設定してもそれが学習にならなければ意味がない。そこで教師の願いに沿った活動を子どもがしたいと思う必要がある。0次は子どもの思いと教師の願いを融合する効果的な手立てとなる。

（2）実の場における活用

大熊は以下のようにいう［大熊 2012］。

　学習のゴールである「活用」が子どもたちの課題意識や興味・関心と直結するものであるならば、また魅力的でありかつ必然性のあるものならば、子どもたちは自ずと主体的に意欲的にかつ自信をもって学習活動を展開するのである。

　実の場における活用とは、書いた作品をそのままにしておくのではなく、実際に活用することを意味する。書いた作品を実際に活用することにより、子どもは目的意識がはっきりし、意欲が高まる。国語科の学習での活用にとどまらず、他教科での活用、他の学級、学校全体、ときには学校を飛び出して、他校や地域など実生活に活用していくと子どもの意欲もより高まる。単元のゴールがはっきりとし、子どもの意欲、思考力・認識力・判断力を育てることができると考える。

3. 空　間

筆者は主に以下の二つの点を工夫して空間をデザインしている。

（1）実の場と結びつく空間

　書くことでは、表面上の言葉を書いても意味はなく、その背後にある意味や具体的なイメージを大切にする必要がある。認知心理学者のワーチは言葉の意味を二つに分類し、自分でつくった意味をセンス、辞書的な意味をミーニングとした。言葉の背後に具体的なセンスをもたせるような学習環境デザインをしていく必要がある。

（2）イメージを明確にする例文

　子どもにこのように書きなさい、といってもなかなか子どもは具体的なイメージをもつことはできない。そのため教師が自分で例文を書き、それを子どもに見せることが重要であると考える。

（3）ICTの活用

　子どもはもはや紙と鉛筆だけで書いているわけではない。デジタルカメラを用いて写真をとったり、ワープロソフトを使って文章を書いたり、インターネットで取材をしたりしている。または例文や子どもの作品を電子黒板などで提示する方法もある。ICTなどいろいろな道具を用いて子どもの学習を効果的にしていくことを考える必要がある。

4. 共　同　体

　子どもの学び合いをどう組織していくかは子どもの学習を効果的にするために必要不可欠な要素である。

（1）ペア学習

　ペア学習では二人で文章を読み合ったり、アドバイスし合ったりする活動が考えられる。どのようなペアにするかで、学習の結果が左右されるので注意深くペアをつくる必要がある。ペアになると組み合わせが増えるため教師の机間指導が難しくなるという欠点があるが、どの子どもにも積極的な活動が求められるため、子どもの思考はもっとも活発になる。

（2）グループ学習

　グループ学習では教師が3～5人ほどの小グループをつくって、その中で交流したり、アドバイスし合ったりする活動が考えられる。グループをうまく構成することで、どのグループでも学習が効率的になるようにデザインすることができる。しかしグループでは積極的に参加せずにやりすごすこともできるため、ペア学習より思考が活発にならない危険性もある。

（3）一斉学習

　全体で情報を共有したり、考えを広げたりする際に有効である。学級全体なので教師が学習をコントロールしやすいという長所がある。ただその一方で、参加しなくても活動をやりすごすことができる児童が多くいるため、思考が活発でない子どもを多くつくってしまう危険性がある。

　いずれにせよ、一つの共同体をずっと続けるのではなく、一時間内であってもペア、グループ、一斉と場面によって柔軟に使い分けていく必要があると考えられる。

第2節　実　践　例

　ここでは、先に挙げた学習環境デザインを用いた実践例を紹介する。

1. 学習環境デザイン

（1）活　動

①０次の学習

　２年２組では、４月からうさぎ、モルモット、ハムスター、ウーパールーパーなどの生きものを飼育し、大切に育ててきた。命の大切さを教えるためにクラスで飼育していたのだが、子どもたちの中に動物をもっと集めて動物園を開きたいという声も聞こえてきた。生き物がたくさんいるクラスの良さを生かした活動をしたいと思ったのであろう。ある子どもが「２－２はふれあい動物園みたいだね」と言ったので、「２－２ふれあい動物園」の活動が始まった。０次として動物の説明を書きたい、という子どもの思いは十分に高まっている。問題はその活動でどのような力をつけるか、である。児童の主体性を引き出す学習環境デザインとしては動物の説明は十分魅力的ではあるが、動物の説明をするだけではおもちゃの説明書を書くのとあまり変わらなくなってしまう。そこでガイドブックづくりに取り組むことを考えた。説明書のように手順や図を使って説明することはそのまま生かしながら、相手がふれあいたくなるような工夫をして書くということを付け加えることを考えた。生き物を触るのが苦手な子どももいるし、得意な子どももいる。苦手な人もふれあいたくなるような書き方を工夫することで、相手意識をもって書く力がつくのではないかと考えた。

②実の場における活用

　実際に書いた説明書を実際に使うことで、子どもに相手意識・目的意識を明確にすることができる。説明書を同じ学年の友だちや１年生にふれあいにきてもらうという活動を設定した。実際に友だちが説明書を読み、ふれあいにきてくれたらとても嬉しいはずである。それは書いてよかった、書いたことが役に立ったという書くことの有用感につながり、また書きたいという思いになると考える。

(2) 空　間

①実際に生き物とふれあいながら書く

　子どもが実際にガイドブックを書く際に、または交流して表現を吟味する際に、近くに生き物をおいて、いつでもふれあえるようにした。実際にふれあいながら書くことで、生き物の特徴やふれあい方を確認しながら書くことができるし、わからなくなったらいつでも取材することができる。そのことにより、抽象的な言葉ではなく、具体と結びついた言葉を用いて書くことが可能になると考えた。

②デジタルカメラ

　子どもにデジタルカメラをもたせ、動物のふれあい方がわかる写真をとらせた。動物ふれあい方を伝えるには文字だけでは限界がある。やはり、写真や図を交えた非連続型テキストで表現することが重要であろう。
　そこで子どもには写真を使って良いことを伝え、デジタルカメラで説明に必要な写真を撮らせるようにした。

③電子黒板

　この授業では電子黒板を多用した。子どもの書いた作品や教師の例文を電子黒板で写し、子どもが書く前に書くポイントについて話し合ったりした。子どもたちが困ったときに電子黒板を見て、参考にできるようにした。

(3) 共同体

①同じ動物のペアで活動をする。

　生き物を17種類用意できたので、二人組で一つの生き物を調べてガイドブックを作成することにした。一人ひとり自分の説明書を書いているが、いろいろな場面で二人で協力して書くことで、書くことに困った際に相談できるようにした。授業中も静かにするというよりは、気楽に相談できるような雰囲気を心がけた。

②その生き物が苦手な人とのペアで交流する。

　書き直すべきことがあるかどうか、交流する際には、必ず一度はその生き物が苦手な友だちにもふれあってもらうことにした。①でつくったペアを半分に分け、A組とB組を作成する。A組が担当のときは、B組がガイドブックを読んで、生き物にふれあい、A組のガイドブックをよくしていく。B組は45分の中で20分ずつ二つの生き物にふれあう。B組の子どもは、子どもによって苦手な生き物が異なるが、A組の子どもにとって、少なくとも一度は苦手な人にふれあってもらえるように設定した。

　A組の子どもは、自分の担当している生き物は得意なので、苦手な人の気持ちに気がつかないこともあるであろう。苦手な人でもふれあってもらえるようにするために工夫をした。

2．単元名

2-2　ふれあいどうぶつえんを　つくろう──ともだちが　どうぶつとふれあいたくなるようなガイドブックを　つくろう

3．実践の概要

　対象は筆者が担任する東京学芸大学附属小金井小学校2年2組（男子17名、女子18名）で、授業は2014年1〜2月に行った。

4．単元目標

・相手に伝わるように、工夫しながら説明書を書こうとする。（国語に関する関心・意欲・態度）
・相手に伝わるように、順序に気をつけて簡単な構成を考える。（書く能力　イ）
・自分の伝えたい内容が、この言葉や図で本当に伝わるのかどうか考

えて書く。（思考力・判断力・表現力）
・伝えたい内容と言葉の結びつきを考えながら、言葉を選ぶ。（言語についての知識・理解・技能　イ(ア)）

5．児童の学習経過

（1）何を書くかを決める

ガイドブックを作るのに、まず何を書いたらいいのか話し合った。そこで特徴、ふれあい方メッセージ、性格、クイズなどいろいろな意見がでた。その中でふれあい方とみんなへのメッセージは必ず書くとして、後は自分で何を書くのか考えて書く、ということにした。自分なりの書き方で書くことを大切にした。その後自分のガイドブックで使う見出しをノートに書き、自分の書く内容を大まかに決めた。

①子どもの書くことを決める

（2）写真を撮る

次はガイドブックに使う写真を撮った。子どもはおもちゃの説明書づくりで写真を撮る経験をしているし、見出しを決めているので、何を書くかはだいたい決まっている。そこで子どもは自分の書きたいことを表現するために写真を撮ることができた。

②デジタルカメラで写真を撮る

（3）下書きを書く

　写真を撮った子どもからガイドブックの下書きを書く。下に升目のある紙を引いて、まっすぐに書けるようにし、写真をはったり、図を書いたりしながらＡ３の紙に書いていった。途中で写真を撮りたい子どもは写真に戻ったり、見出しを変えたい子どもは構成に戻ったりできるように、子どもの主体的な活動になるよう柔軟に対応した。

③動物とふれあいながら書く

　また子どもたちは実際に動物にふれあいながらガイドブックを書いていた。目の前に動物がいてふれあうことで実感のこもった言葉になると考えたからである。

　それから、図書館に行って図鑑を調べたいという子どももいた。自分から図書館に行って主体的に学んでいる姿がそこでは見られた。

（4）下書きを交流する

　下書きができたら、交流を行う。交流ではその動物が苦手な子どもにふれあってもらうことで、書き足すことができると考えた。まずガイドブックを読んでもらい、そこで生き物のふれあいを通して自然な交流が起こる。そこで気付いたことを赤鉛筆で加筆するという活動を行った。あるペアでは次のような活動が行われた。さとみ（仮名）の書いたウーパールーパーのガイドブックをゆうた（仮名）が読んで、ウーパールーパーとふれあい、さとみが加筆修正していく場面である。

　　　ゆうた　（おさらいクイズをとく）
　　　ゆうた　あってるのかな、答えどこ？
　　　さとみ　見てないの？

第４章　小学校　書くことの教育と授業

ゆうた　見てない。えーっとどこにあるのかな。
さとみ　これ。
ゆうた　第1問。もも色に白がまざっている
さとみ　いろって入れておいた方がいいか（紙をとろうとする）。
ゆうた　第2問　メス。メスってわかってるのかよ。

さとみ　前はメスだった。今ふめいになおしておこう。

　ここではさとみのつくったクイズを実際にゆうたに解いてもらい、そこでわかった文のおかしなところを直しているのである。例えばしろをしろ色に変えたり、性別をメスから「ふめい」に書き直したりしている。続けて次のような場面があった。

ゆうた　ねえ、骨ないの？ウーパールーパー。
さとみ　え、そうだ。ちょっとまって。骨はわからないけど歯はない。歯はない。かまない。
ゆうた　丸呑みするのかよ。
さとみ　だってこれひとつぶだけだよ（えさをもちながら）。
さとみ　（「はがないのでひとつぶずつあげてください」と書き足す）。

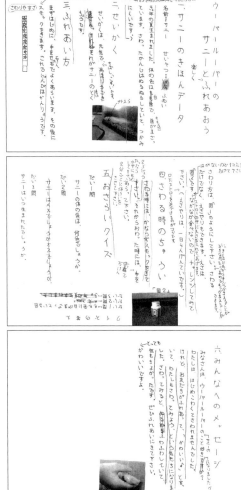

図3　さとみの書いた文章

この場面はウーパールーパーを触ったこともえさをあげたこともないゆうたに、歯がないことを伝えると、ゆうたがえさを丸呑みするのかと驚き、その反応をみたさとみが、えさを多くあげすぎると食べきれなくなって水が腐ってしまうので、「はがないので、ひとつぶずつあげてください」と書き足したのである。
　ゆうたはさとみのガイドブックを見て、歯がないことを知り、触ることができた。そしてぬるぬるしていることを嫌がりながらも、逃げたウーパールーパーを見て、すぐに逃げる習性があること、敏感であることを知るのである。

　（5）清書をして他の2年生や1年生をふれあい動物園に招待する。

　清書した後は、「2－2ふれあい動物園」を開催し、2年生や1年生にきてもらったらまずガイドブックを読んでもらい、その後に実際にふれあってもらうという流れである。1年生からは感想をもらうことは難しかったので、2年生から感想をもらうことにした。2年生から出た感想は以下のようなものであった。

- クワガタに挟まれそうでこわかったけれど、真ん中のところをもつようにと書いてあって、触ることができた。
- インコのつめはいたそうだったけれど、説明書に少しいたいだけと書いてあって、そのつもりで触ったのでこわくなかった。

　ガイドブックを通して触るコツが相手に伝わり、その結果他の学級の2年生、1年生が触ったこともない動物とふれあえたのである。

　（6）ふりかえり

　ふれあい動物園が終わった後にふりかえりを行った。
　子どものアンケートの結果は以下のようであった。

- ●ふれあい動物園は楽しかったですか？
  - とても楽しかった　　　31名
  - 楽しかった　　　　　　3名
- ●ガイドブックは役に立ちましたか？
  - とても役に立った　　　20名
  - 役に立った　　　　　　14名
- ●またガイドブックを書きたいですか？
  - とても書きたい　　　　22名
  - 書きたい　　　　　　　10名
  - あまり書きたくない　　2名

　あまり書きたくないにした子ども2人に理由を聞いたところ、楽しかったが、書くのが大変だったという感想であった。
　また子どもに自由に感想を書かせたところ、以下のようであった。

- 「かまないからかわいいよ」とガイドブックに書いてあったからいい、と言ってくれた。
- みんなよく読んでいてくれてよかった。「これはいい文だね」と言ってくれる人がいてとても嬉しかったです。中には「あと手をあらってこなきゃ」とガイドブック通りにしてくれてよかった。
- 私はガイドブックを書いたかいがあったと思いました。なぜかというと「みんなからガイドブックがあってよかった」と言われたからです。これからもガイドブックを書いていきたいです。
- 自分たちが言葉であらわせないこともガイドブックで教えてあげることができて嬉しかった。ガイドブックは役に立つものだと思った。
- 「よくわかった」と言ってくれたので、とても嬉しかった。きらいな人も触ってくれたのでガイドブックを書いてよかったです。

おわりに

最後にこの実践を考察してまとめとする。

①相手を意識して文を修正する力

　第2節で紹介した実践例では、さとみはゆうたとの自然な交流を通して、文章を相手に伝わるか、言葉が対象をきちんと表せているかを吟味しており、書く力が身についている。これは活動、空間、共同体をデザインした結果生まれた学習であるといえるだろう。

　相手を設定し、自分が友だちにふれあってもらうためにガイドブックを作るという活動デザインしたからこそ児童は文章を修正しようと一生懸命になる。また目の前に生き物を置き、その場でふれあわせるという空間デザイン、苦手な人にふれあってもらうという共同体デザイン、三つの学習環境デザインによって学習が成立したといえるであろう。

　またここで身についた力は、一般化され抽象化された形式的な知識ではない。具体と結びつき、自分が相手や学習環境から生み出された経験とそのふりかえりから考え出された自分独自の知識である。その知識は、一般化はできない。しかし他の場面で活用できない能力ではない。身の回りの学習環境から考えた知識であるので、自分が新たな状況に出会ったときに自分で新しい知識を生み出すことができるであろう。

②児童の意欲、主体性

　ここで身についたのは書く力だけではない。子どもたちに活動が楽しかった、書くことが役に立った、また書きたいという意欲も高まっている。実際アンケートにもそのような結果が出ている。これが学習環境論の授業の特徴である。

　自分たちが好きなことから始まった活動で、主体的に進めているので、意欲が高まっている。書くことの学習の課題は、書くことが嫌だという子どもをどうするかだといわれている。活動を通して問題を解決し、その経

験から学習していくので、活動が終わった際に子どもたちに達成感があるのであろう。

引用・参考文献

大熊徹『国語科学習指導過程づくり——どう発想を転換するか 習得と活用をリンクするヒント』明治図書出版、2012年

ソーヤー，R. K. 編（森敏昭、秋田喜代美監訳）『学習科学ハンドブック』培風館、2009年

細川太輔、井上陽童、石井健介代表編者『「書くこと」の言語活動25の方略』教育出版、2014年

美馬のゆり、山内祐平『「未来の学び」をデザインする——空間・活動・共同体』東京大学出版会、2005年

Wertsch, J., *The concept of activity in Soviet Psychology*, M. E. Sharpe, 1979.

第 5 章

小学校
伝統的な言語文化と
国語の特質の教育と授業

はじめに

　2008（平成20）年度版小学校学習指導要領において新設されたのが「伝統的な言語文化と国語の特質」である。1998（平成10）年版の「言語事項」に加えて、「我が国の言語文化を継承し、新たな創造へとつないでくことができるよう内容」として、「伝統的な言語文化」が設置された。

　「伝統的な言語文化と国語の特質」は、「話すこと・聞くこと」「書くこと」及び「読むこと」の指導を通して指導する事項として、「伝統的な言語文化に関する事項」「言葉の特徴やきまりに関する事項」「文字に関する事項」と「書写に関する事項」から構成されている。

　実際に指導にあたっては、取り立てて指導する場合と各領域の指導と関連させて指導する場合がある。どちらの場合も、国語科の基礎となる指導事項であることを鑑みると、丁寧な指導が求められることになる。

第1節 伝統的な言語文化と国語の特質の概要

1. 指導の重点

- 我が国の歴史の中で創造され、継承されてきた伝統的な言語文化に親しみ、継承・発展させる態度
- 国語が果たす役割や特質についてまとまった知識を身につけ、言語感覚を養い、実際の言語活動において有機的に働くような能力

2. 指導事項

① 「A 話すこと・聞くこと」「B 書くこと」及び「C 読むこと」の各領域の指導を通して行うこと
　ア　伝統的な言語文化に関する事項
　イ　言葉の特徴やきまりに関する事項
　　○言葉の働きや特徴に関する事項
　　○表記に関する事項
　　○語句に関する事項
　　○文及び文章の構成に関する事項
　　○言葉遣いに関する事項
　　○表現の工夫に関する事項
　ウ　文字に関する事項
　　○仮名の読み書きや使い方に関する事項
　　○漢字の読み書きや使い方などに関する事項
　　○文字文化に関する事項

②書写に関する事項

第2節 伝統的な言語文化に関する概要と授業

1. 伝統的な言語文化に関する概要

	題材	言語活動
第1学年及び第2学年	昔話、神話・伝承	読み聞かせを聞く 発表し合う
第3学年及び第4学年	易しい文語調の短歌や俳句	音読、暗唱
	ことわざ、慣用句、故事成語	意味を知る、使う
第5学年及び第6学年	古文、漢文 近代以降の文語調の文章	内容の大体を知る 音読
	古典について解説した文章	昔の人のものの見方 や感じ方を知る

　小学校学習指導要領解説国語編では、改訂にあたって、「伝統的な言語文化に低学年から触れ、生涯にわたって親しむ態度の育成を重視している」とある。つまり、自国の文化を尊重し、世界の中の日本人としての理解を深めることが求められているのである。外国に行ったときに、自国の文化について大いに語ることができる日本人を育てることである。
　例えば、短歌や俳句は、世界でも知られる日本の伝統的な言語文化である。外国の方に有名な短歌や俳句を諳んじて、その良さを語ることができる日本人になってほしいのである。授業にあたっては、教科書教材にとらわれることなく地域や日常生活にあふれる伝統芸能にも目を向けた教材研究と指導方法の工夫が求められている。

2. 伝統的な言語文化の授業

（1）目的を明確にした積極的な姿勢で授業に臨む

　授業のねらいに関しては、「音読等を通して教材そのものに親しむこ

と」と「教材を通して、古人のものの見方や考え方あるいは生き方、日本人の心などを理解すること」を意識することが大切である。

　伝統的な言語文化の取り立て単元や帯単元、国語科各領域との関連指導、日常的な指導など目的を明確にした上での年間指導計画の作成が必要になる。

（2）教材の充実を図る

　伝統的言語文化で使用されている教材は、外国語のようにその国に行かなければ使う機会が少ない言語ではない。「古文漢文を読んでなんとなくわかるという認識は、外国語ではなく日本語だということ」を意識させるような教材選定が重要である。特に、小学校段階では、生活経験や語彙など実態に応じた教材を提示したい。

　小学校段階の教材選定に関して、石塚秀雄は次のような提言をしている［石塚2009］。

- 子どもの実態に合わせて、郷土の伝説や芸能に注目し、自分たちの周囲の伝統的文化を教材化してほしい
- 児童向けに書き直した説話や物語などを取り上げてほしい

　伝統的な言語文化は、今も昔も児童の身近にある。これらを教材として児童に還元していくことが教師の大切な役割である。

　特に地域素材の教材化は、児童の興味・関心を喚起する。昔話や伝承だけが教材ではない。地域に根ざしている昔から伝わる地名や史跡、神社や仏閣など名称の由来を調べることも伝統的な言語文化に触れる教材になる。また、児童のいちばん身近な校歌も教材となる。

（3）多様な指導方法の工夫

　小学校学習指導要領の指導事項における言語活動としては、読み聞かせ、音読、暗唱などの音声系の活動と、調べたり発表したりして理解を深める

活動が示されている。指導にあたっては、これらの活動を中心に児童・生徒を指導することになる。

①音声系の言語活動の指導

音声系の言語活動の指導に関しては、内容を大まかに理解した上で、原文または口語訳した文を音読することを大切にしたい。時代背景や作者の注釈、難語句の解説を示し、内容の大体を理解した上で内容を想像したり理解したりした上で音読する。

また、音読、朗読、暗唱の指導は、小学校でも中学校でも大切にされる指導事項である。小・中学校の指導のねらいの違いに関しては、鈴木二千六の「『整ったリズム（定型）と文語から受ける感じ』から『文語から受ける言葉のリズムや響きの美しさ』というつながり」を意識することが大切であろう。

音読指導が適しているのは、伝統的な言語文化の教材によるところが大きい。特に、小学校段階の伝統的な言語文化の教材の多くは、伝承文化の作品であるからである。伝承文化の指導に関して市毛勝男は、次のように述べている［市毛編2009：48-49］。

- 小中学生にとって、「やまとことば」の世界は、活字や絵として存在する。しかし、この活字や絵は、そのままでは凍った世界である。その凍った世界に生を吹き込み、生きた世界として目の前で活動させるのは教師の「音読」である。
- とくに「やまとことば」の諸作品を、耳で聞く機会はテレビでもラジオでもないから、生徒にとっては絶無である。それだけに、教室で教師が範読する、生徒が一斉音読するという活動で、「やまとことば」を耳で聞くという経験は貴重である。

音読系の言語活動は、伝統的な言語文化を指導する上では、欠かすことができない言語活動である。その充実は、教師の責務である。

②調べたり発表したりして理解を深める活動

　これらの活動は、読解活動よりも、探究活動として位置付けた指導を展開したい。歴史的な仮名遣いや語意、季語など内容理解のために必要な最低限度の基礎知識の習得は必要ではある。

　ここでいう探究的活動は、同じ日本語であっても意味や使い方が違ったり、昔の人も今の人と同じように考えたりしているなど、言葉や生き方・考え方の相違点や類似点について考えていく活動である。小学校の児童にとって、伝統的な言語文化の教材は「暗号」にも似た文や文章である。使われている言葉の意味を考えながら内容を想像することはまさに解読である。漢詩・漢文においては、外国語（中国語）の文章にわざわざ記号をつけてまで読もうとしたかつての日本人の向学心や知恵に驚かされることだろう。また、昔の人の中には、偉い人ばかりでなく自分と同じような行動をとる人もいたことに触れることで、古人を身近に感じたり、自らを省みて自分の生き方を考えたりすることにもなる。

　伝統的な言語文化を学習するときは、高尚な人格や教養を学ぶことだけではなく、日本語や日本人について考えていくことの大切さを指導したい。

③日常的な言語活動と関連させる

　音声系の言語活動の充実を図るためには、継続的な指導が必要になる。

　例えば、「百人一首かるた」を用いた活動においては、5人一組で、15分間で100枚とることを目標とし、朝や帰りの時間を利用して、3カ月程度行うようにする。目標設定を個人ではなく、チームにすることで継続的な意欲喚起につがる。その際、児童・生徒が、3回程度、詠み手となる場を設定することで古文の読み方が体得される。

　同様に、漢詩や漢文の指導も教師が自作した「漢詩・漢文かるた」を用いたり、漢字指導において簡単な漢文づくりをしたりすることで、継続的に楽しみながら漢詩・漢文のひびきやリズムの音声化や表意文字としての漢字の理解を図ることになる。

3. 言葉の特徴やきまりに関する事項の概要と授業

(1) 言葉の働きや特徴に関する事項の概要と授業

	指導事項	関連領域			
		話	書	読	取
第1学年及び第2学年	事物の内容を表す働き 経験したことを伝える働き	○	○	○	○
	音節と文字の関係	○	○		○
	アクセント	○			○
	意味による語句のまとまり			○	○
第3学年及び第4学年	考えたことや思ったことを表す働き	○	○		○
	漢字と仮名を用いた表記		○	○	○
第5学年及び第6学年	話し言葉と書き言葉の違い	○	○	○	○
	時間の経過による言葉の変化 世代による言葉の違い		○	○	○

※「関連領域」の「話」は、「話すこと・聞くこと」領域、「書」は、「書くこと」領域、「読」は、「読むこと」領域、「取」は、取り立て指導を表す（以下同様）。

「言葉の働きや特徴に関する事項」は、言葉が果たす多様な働きや特徴を理解させるために新設されたものである。このような働きが、日常的に使用している言葉にあることに自ら気付くような指導を行うことが大切である。

授業にあたっては、取り立て指導による知識面の指導と、各領域の中で適宜確認や教授を行い、実際に使用する言葉の働きを自覚させることが大切である。

(2) 表記に関する事項の概要と授業

	指導事項	関連領域			
		話	書	読	取
第1学年及び第2学年	長音、拗音、促音、撥音 助詞の「は」「へ」「を」		○	○	○
	句読点の打ち方 カギ（「　」）の使い方		○	○	○

	指導事項				
第3学年及び第4学年	送り仮名、活用		○	○	○
	句読点を適切に打つ 行を改めて書く（改行）		○	○	○
第5学年及び第6学年	送り仮名、仮名遣い		○	○	○

（3）語句に関する事項

	指導事項	関連領域			
		話	書	読	取
第3学年及び第4学年	語句を増やす 性質や役割の上での類別	○	○	○	○
	辞書を使用して調べる方法	○	○	○	○
第5学年及び第6学年	語句の構成、変化 語句の由来	○	○	○	○
	文章中の語句と語句の関係	○	○	○	○
	語感 言葉の使い方	○	○	○	○

　授業にあたっては、児童の言葉を増やすことを常に意識したい。言葉を増やすとは、単に語彙を増やすことだけではない。言葉は、知識であり、社会生活を送る上で重要な媒体である。各領域において、必要があれば時間をとって指導したい。このような積み重ねが、無意識に使用している言葉を意識化させることになるのである。

　また、日常的に言葉を意識させる機会を意図的に取り入れることも有効である。朝の会や帰り会を利用して、言葉遊びを行ったり、家庭学習として「言葉遊び歌」の音読を行ったりすることも大切である。

　高学年においては、時事的な言葉を教師や児童が解説するような機会を設けることや身の回りの言葉を集める課題を出すことも大切である。児童の身の回りの世界には言語があふれていること、身の回りの世界は、言語で構築されていることに気付かせたい。

（４）文及び文章の構成に関する事項の概要と授業

	指導事項	関連領域			
		話	書	読	取
第１学年及び第２学年	文中の主語と述語の関係	○	○	○	○
第３学年及び第４学年	修飾と被修飾との関係	○	○	○	
	指示語	○	○	○	○
	接続語		○	○	
第５学年及び第６学年	文や文章の構成	○	○	○	○

　授業にあたっては、「読むこと」の授業と関連させた指導が効果的である。それぞれの指導事項は、文や文章の論理的な関係を構築する上で大切な役割を果たしている。読みの指導の中では、文や文相互の関係とともに、段落相互の関係を端的に示す手掛かりとなる。

（５）言葉遣いに関する事項

	指導事項	関連領域			
		話	書	読	取
第１学年及び第２学年	敬体で書かれた文章		○	○	○
第５学年及び第６学年	敬語の使い方	○	○		○

　児童は、友だちや教師、地域の人々などさまざまな人とかかわる。相手や場に応じて、言葉の使い方が変わることを意識するとともに、適切な言葉遣いで接することになる。
　最初は文末の表現に注意させて読み慣れるようにし、話し言葉の中で使い慣れるようにしていく。このような指導をもとに、次第に書き言葉と話し言葉の違いや敬語表現にも意識が向くようになる。授業にあたっては、具体的な相手と場を設定し、使いながら慣れていくようにする。また、他教科等で外部の人と接する際に事前に言葉遣いを指導することも大切である。

（6）表現の工夫に関する事項

	指導事項	関連領域			
		話	書	読	取
第5学年及び第6学年	比喩、反復	○	○	○	○

　ここでは、擬声語・擬態語、語句や文の反復、誇張、直喩、隠喩などの比喩やユーモア、省略、倒置、対句など構成上の工夫など、さまざまな表現の工夫を表現技法として理解することをねらっている。

4．文字に関する事項

（1）仮名の読み書きや使い方に関する事項

	指導事項	関連領域			
		話	書	読	取
第1学年及び第2学年	平仮名、片仮名の読み・書き 片仮名で書く語の種類		○	○	○
第3学年	ローマ字の読み・書き		○	○	

（2）漢字の読み書きや使い方などに関する事項

	指導事項	関連領域			
		話	書	読	取
第1学年	当該学年に配当されている漢字を読み、漸次書き、文や文章の中で使う		○	○	○
第2学年 第3学年及び第4学年 第5学年及び第6学年	当該学年までに配当されている漢字を読み、漸次書き、文や文章の中で使う		○	○	○
	当該学年の前の学年までに配当されている漢字を書き、文や文章の中で使う		○	○	○
	当該学年に配当されている漢字を漸次書き、文や文章の中で使う		○	○	○

平仮名や片仮名、漢字の指導は、単に文字を習得させることではない。文字の習得は、言葉を増やす指導であり語彙を増やすことを大切にしたい。
　特に、漢字指導においては、①読み（音読み・訓読み）②部首③筆順④熟語（新出漢字を含む語）⑤短文づくりの手順で指導していくようにする。指導のない書き取りテストではなく、語彙指導としての漢字指導を行うようにしたい。

5．書写に関する事項

	指導事項	筆記用具
第1学年及び第2学年	姿勢 筆記用具のもち方 文字の形 点画の長短、接し方、交わり方など 筆順	鉛筆 フェルトペン
第3学年及び第4学年	文字の組み立て方 字形 漢字や仮名の大きさ 点画の種類 毛筆を使用した筆圧	鉛筆 毛筆
第5学年及び第6学年	文字の大きさや配列 書く速さ 筆記具の特徴、使用 毛筆を使用して穂先の動き 毛筆を使用した点画のつながり	鉛筆 毛筆 フェルトペン ボールペン 筆ペン

　書写指導のポイントは、大きく、太く、濃く書くことである。これらは、小さく書くことでは気付かない文字のバランスや点画のつながりをとらえることになる。体全体を使って書く「空書き」や電子黒板を用いた指導は、低学年でだけでなく全学年で行うようにしたい。

おわりに

　伝統的な言語文化と国語の特質とは、言葉の学習である。言葉の習得は、学校教育以外でもさまざまな機会を通して行うことができる。しかし、日本語の特質や特徴、基本的な約束を知らないままでは、日本語の学習にはならない。小学校で行う言葉の学習は、言葉を正しく使い、自分の思いや考えを速く、正確に伝えるための学習なのである。無意識であった言葉の世界を意識化させることが大切である。

　伝統的な言語文化と国語の特質の指導にあたっては、常に「日本語っておもしろいな」という知的関心をもたせるようにしたい。国語授業や日常生活の中で出会う言葉に立ち止まるようにすることが大切である。

　そのためには、言葉遊びや漢字遊びなど児童が言葉そのものを味わう機会を意図的に設定することが大事になってくる。伝統的な言語文化では、日本古来の月の呼び方や二十四節季をはじめとした季節を表す言葉など、昔の人の生活に根付き、現代にも通用するような言葉を提供することが大切である。

　児童を取り巻く言語環境の中で最も重要なのは、教師の言葉である。教師の言葉とは、授業の中での話し言葉や学級通信や作文のコメントなどの書き言葉である。児童にとって最も身近な教師の言葉遣いこそが最大の教材である。教師自身が言葉に興味をもち、言葉を通して子どもたちの生活を豊かにすることが、伝統的な言語文化と国語の特質の授業といえる。

引用・参考文献

　　石塚秀雄「伝統的言語文化の指導に求められるもの」日本国語教育学会編
　　　『月刊国語教育』No. 452、2009年
　　市毛勝雄編『「伝統的な言語文化」を教える1　伝承文化・やまとことば文化
　　　（新国語科の重点指導第7巻）』明治図書出版、2009年

第 2 部

中学校における国語科教育

第6章

中学校
話すこと・聞くことの教育と授業

はじめに

　「読み書きそろばん」。教育で身につける基礎基本の内容を表す代表的な言葉である。これは十分理解されるであろう。

　しかし、この言葉には疑問がある。なぜ「話す、聞く」が入っていないのであろうか。私の答えは、「話す、聞く」能力は人間の遺伝子のレベルに組み込まれているので、教育で取り上げなくてもよいというものだ。生まれてきた赤ちゃんを人間の生活する環境に置いておけば、通常はその環境で使われている言葉を理解し、話し始めるが、文字を読み／書き、計算する力は環境に置いておくだけで身につくものではなく、教育の営みが必要になる。しかし、さらに考える。本当に「話す、聞く」は人間の生活環境に置いておくだけで身につくのであろうか。日常生活を営むレベルでは確かに身につくであろうが、聞き手が誤解なく理解できるような話し方、根拠を確かめながら聞く聞き方などは、教育の営みの中でなければ身につかないのではないだろうか。本章は、この考えをもとに進める。

第1節　態度的に聞くから、技術的に聞くへ

「はい、先生の方におへそを向けて聞きましょう」。

小学校の低学年ではこのような指示で話を聞かせている。岩下修の『AさせたいならBと言え』の指示の出し方である。話を聞かせるときには、聞く姿勢をつくらせてから聞かせることは大事である。他にも人の顔を見て聞く、ときどきうなづきながら聞く、つま先を話し手に向けて聞くなどがある。これらを態度的に聞くと名付けよう。この「態度的に聞く」という指導は、学校教育では、朝礼、遠足、体育などさまざまな場面で行われる。躾（しつけ）として行われているともいえる。

しかし、そこだけで終わっているのではないだろうか。メモを取りながら聞く、質問を考えながら聞く、根拠を確かめながら聞く、話をまとめながら聞くなどの、「技術的に聞く」という指導はされているのであろうか。国語科の授業としての「聞く」の指導は、「態度的に聞く」から「技術的に聞く」への指導が行われる必要があるのではないだろうか。

第2節　聞きたくなる、聞かざるを得ない「聞く」の指導を考える

1．「はい、そこの人たち。しっかりと聞いて」

このように指導したところで技術的に聞くの力が育つとは思えない。生徒が聞きたくなる、または、聞かざるを得ないシステムがある聞くの授業をする必要がある。生徒は「聞く？　そんなこといわれたって私は十分聞けているし、今さらやらなくても十分なのに」と思っている。この生徒を授業に参加させる為には、聞くの授業は面白いぞと思わせるか、自分に聞く力がないと思わせるしかない。

嘗て担任したクラスでのことである。生徒たちの反応が今ひとつ硬くて、

授業中のやり取りがぎこちないことがあった。ギャグを言っても反応がほとんどない。私が例えば「布団が、ふっとんだ」のようなことを言っても生徒は「……」である。そこで私は生徒に語った。「あのね、君たち冷たいね。こういうときは、「おいおい」とか言うもんだよ。じゃあ、今から練習するから。布団がふっとんだ。はい」「おいおい」「遅い。0.5秒で突っ込んできなさい。さ、もう一度」のように何回か練習した。

　さて、このクラスがどのように育ったと思われるだろうか。実は、妙に集中して聞くクラスに育ったのだ。つまり、教師の話に突っ込みを入れる為には、教師の話をよく聞かなければならないという構造になっていたのだ。突っ込みを入れろという指示は、話をしっかりと聞く彼らを育てていたことになる。楽しく聞く力を育てる一例である。

2．聞く力がないと思わせる遊び

　例えば、YouTubeを利用し、1分程度ドラえもんの動画を見せる。そして、次の指示を出す。「この動画の中に出てくる、濁音の数を数えてみましょう」。単純な遊びだが、これがなかなか難しい。人は話を聞くときに、何も濁音だから何の言葉だというようには聞いていない。単語を文脈の中で理解している。文を抑揚の違いで疑問文なのか違うのかを聞いている。だから、濁音の数を聞き取れなかったとしても大きな問題ではない。しかし、聞き取れていないという事実に直面させる為にはなかなか面白い遊びである。

　面白いからやってみよう。または、できていないからやれるようになろう。このどちらが指導対象の子どもたちに合っているのかを判断して、やってみるのは面白いと思われる。

第3節　板書をしない授業

　有田和正の有名な言葉に「鉛筆の先から煙が出るくらいのスピードでノートを書きなさい」というものがある。教師の言葉をどんどんノートに書かせるのである。私の中学校の授業では、中学校三年生ではほとんど板書をしなかった。私が話していることをノートに書かせていた。そして、同時に自分の考えをノートに書かせていた。

　生徒は、板書がされるとそれを丁寧に書き写しておしまいにしているのではないだろうかという疑問が私にはあった。黒板に奇麗に書かれたまとめ。このまとめを考えてつくったのは誰であろうか。それは生徒ではなく、教師である。つまり、生徒は考えることをせず書き写しているだけということになっているのではないだろうか。一方で、生徒に必要な力とは、

　①情報を聞き取る。
　②情報を書き取る。
　③情報をまとめる。
　④情報に疑問をもつ。
　⑤情報に発信する。

だと考えていた。教師の出す情報をしっかりと聞き取り、それをノートに書き取る。そのノートをみれば授業が再現できる。これがゴールである。その情報をもとに表にし、関係を明らかにし、要点をまとめる。さらに、その情報は本当なのだろうか、根拠は何なのかと疑問をもち、自分はそれについてこう考える、またはこういうことを思いついたという発信をする。これが「聞く」の授業ではないだろうか。そうだとすると、黒板に書いてそれを書き写させるだけの授業ではとてもやりにくい。この五つを鍛える為には、教師が板書を極力しない授業に意味があると考えて行っていた。

　これは「上中下のメモ」という言い方でも説明できる。下のメモは、黒板に書いてあることだけを書き写す。中のメモは話している内容も書き写す。通常は、中までできれば褒められるであろう。しかし、上のメモを私

は求めたい。それは書いていなく、話されていないことを書き留めたメモである。何かといえば、自分が考えたことである。疑問、意見、感想を書くのだ。黒板に書かれたこと、話されたことは書けないときがあっても、教師に聞きにいけば答えてくれる。しかし、その話を聞きながらその生徒が考えたことは、教師に質問にいっても答えようがない。「考えたことが大事です。あなたが考えたことが大事なのです。それを優先してノートに書きなさい。それが上のメモです。何か質問はありませんか？ と言われてから質問を考えるようではダメです。記録しながら考えます。同時にやりなさい」という。

　池谷裕二によれば、人間の脳は、情報のインプットより、アウトプットを重要だと考えるようにできているという [上大岡・池谷 2008]。一生懸命情報を注いでも脳はそれを重要だとは判断しないというのだ。聞いたことをノートに書くということは考えること、アウトプットをし続けることと同じなのである。中学校1年時からこの板書しない授業に向けて段階を踏んで指導してく必要があると考えている。

1．話すための基礎技術を教える

（1）話が伝わるとき、正しい発声とは

　本章では、話が伝わらないとき、それは聞き手に問題があるのではなく、話し手に問題があるという立場をとる。山田ズーニーによれば、伝わる話には三つの要素が必要だという [山田 2006]。すなわち、①内容、②熱意、③技術である。この三つが高レベルでバランスが取れているとき、話は伝わりやすくなる。山田も話し手に責任があると考えているといってよい。ここでは、トレーニングによって効果の出やすい③の技術に焦点を当てる。なお、以下に述べる話し方の基礎技術は、教師が身につけて、日ごろの教育活動の際で見本となるように行うようにしていきたい。

　鴻上尚史によれば、正しい発声とは「あなたの感情やイメージがちゃん

と表現できる声を手に入れること」である［鴻上2012］。そのためには、「決して、焦らないこと」「首、肩、胸、ヒザなどに余計な緊張がないこと」「お腹で声を支えていること」「声が前に出ていること」「声のベクトルをイメージすること」が大事だという。

　これを踏まえた上で、声の大きさ、声の明瞭さ、ジェスチャー、話の構成、間について教えたい。

（２）声の大きさ

　話を聞く人の規模と場所の環境によって変る。生徒はプライベートな話の音量に慣れていて、大きな声で話すことに慣れていない。教室でのスピーチは、まず声を出させることから始めなければならない。大きな声が出ない理由で先ず考えられることは、話す前に息を吸っていないということがある。小声の場合、息を吸うことを意識しないでも話せる。しかし、教室サイズでは無理である。話す前に息を吸う。正確にいえば、息をしっかりと吐いて、それから吸って話し始めるのである。これを指導する。

（３）声の明瞭さ

　声の響きと口の開け方の二つを考える。声の響きは骨格と声質によって影響されることが多く、これはトレーニングでは直しにくい。そこで、口の開け方に絞る。滑舌調音に取り組む。「青は藍より出でて藍より青し」「江戸を離れて庵住まいというのも悪くない」「憂いぞ辛いぞ勤めの習いで、上野から魚河岸まで夜明け前に収録」などである。早く言う必要はない。口の中の空気をすべて使って一音ずつ確実に言うことを目標として行う。各行ごとに文言があるので、自分の苦手な行を確認しつつ行うのがよい。２週間くらいの期間に集中して行う。授業の最初の10分間に連続して行うなどするのがよい。最初の頃は口の筋肉が痛くなるはずである。それだけ普段ハッキリと話していないことがわかる。文言を暗記する位まで練習したら、適宜練習を重ねるようにする［「発音・滑舌を良くする方法　スクラップ系まとめ」参照］。

（4）ジェスチャー

　これが効果的に使えると、説得力がグンと増す。教師がジェスチャーの凄さを見せるとよい。例えば、喧嘩を止めるというパフォーマンスをする。まず、「まー、まー」と言いながら、両掌を下に向けて上下に動かす。その次に、「まー、まー」と言いながら、両掌を上に向けて上下に動かす。後者をみた生徒は、「言ってることとやっていることが違うじゃん！」「喧嘩は止まらないよ」などの発言をする。ノンバーバルの力強さを理解することになる。ここを理解させて、どういうジェスチャーをしたら話が伝わりやすくなるのかを考えさせる。

（5）話の構成

　意見を述べるときに特に大事になる。そのために、ラベリングとナンバリングを学習させる。ラベリングとは、小見出しをつけることである。言いたいことを端的にまとめて最初に話す。「○○について話します」でよい。全体をざっくりと話した上で、部分を話す話し方を理解させる。ナンバリングとは、①全体がいくつあるかを示す。②今何番目を話しているかを示す。③結局いくつ話したのかを示す。この三つの構造からなっている。特に大事なのが、①である。聞き手は話を聞くときに「一体この話はいつになったら終わるのだろうか？」と心配しているが、①を行っていればこの心配はなくなる。つまり、聞き手が聞きやすくなるといえる。

（6）間

　聞き手が聞き入れる準備をするために、また、聞いたことを理解する為に必要である。重要な言葉を言う前に、0.5秒空ける。また、結論を言い終わってから1秒空ける。これをすることで伝わり方が違う。間は、口癖と大きく関係している。「えー」「あー」「なんか〜」といったfillerを言わないように訓練する。生徒が話をするとき、スマートフォンの録音機能を使って録音し、本人に聞かせることで、自分の口癖を理解し、そこを黙る

ことで話に間をつくらせるのである。

第4節　話すと聞くをセットで学ぶゲーム

　話す、聞くは実際に話して聞くようにしなければ、その力を伸ばすことはできない。ただし、「話しなさい」とか「聞きなさい」ではダメである。話さざるを得ない、聞かざるを得ない設定を行うのだ。その際、「学習ゲーム」の考え方は魅力的である。学習ゲームとは、「ゲームの中に学習の目標や内容が含まれているゲーム」のことである。ここでは、話すと聞くが含まれているゲームを紹介する。

1．語り絵

　二人組になって、絵の内容を伝え合うゲームである。やり方を説明する。

①一人だけが絵を見て、メモします。その間もう一人の人は、目をつぶっています。
②時間がきたら、見た絵を言葉で、もう一人に説明します。
　説明する人は「あ〜っ、ダメ」など否定的な言葉は発しません。ジェスチャーをしてもダメです。
③描く側は、消しゴムは使いません。一度描いた線は消しません。周りの人の絵を見て描いてはいけません。

　絵を見て説明の言葉をメモする時間は3分ほどとる。その後、パートナーに3分ほどで説明をして絵を完成させる。この語り絵では、説明の順番が大事だということを理解させることを目標にする。
　この絵の説明をさせると、ほとんどの生徒が伝えるのを忘れる情報がある。それは「初めに、ノートを横置きにしてください」である。絵を見てい

図1　語り絵①

ない人には、絵のフレームが縦なのか横なのかはわからないにもかかわらず、その情報は伝えられないまま説明が始まってしまう。また、「マスクを被った人がいて、その人のマスクは上が平で下が丸いマスクです」のように部分から説明してしまう生徒もいる。説明は全体から部分への原則ができていないことを指摘したい。

　「今から絵を説明します。ノートは横置きにして、鉛筆を一度机に置いて説明を聞いてください。絵は二つの部分からできています。左側にはスーパーマンのような格好をしている人がいます。右側には開きかけのドアがあります。では、まずその左側の人から書きましょうか。左側のスーパーマンのような人はマスク、マントをつけています。両手両足を広げて、開いているドアにジャンプして入ろうとしています。筆記具を持ってください。実際に書いていきましょう」。

　このように、全体を示してから部分の説明に入ることができるように指導する。一度やったら立場を変えてもう1問やる。

図2　語り絵②
作画（図1・2とも）：糸井登

2回目の生徒の方が確実に上手く描けるようになっているはずである。それは説明が上手だったからである。伝える側に伝える責任があるということを実感させたい。なお、語り絵の実践は、立命館小学校教諭糸井登(すすむ)氏が紹介しているものである。また、イラストも氏が描いたものである。

2. 諺スピーチバトル

対立する二つの諺を使った簡単なディベートである。やり方を説明する。
①5人一組になる。図3のように内側に向いて座る。
②2人が対戦し、3人がジャッジをする。
③対戦者は、「善は急げ」と「急がば回れ」のような対立する諺を使って、1分程度のスピーチを行う。
④そのスピーチを聴いて、ジャッジ1～3はどっちの方が成る程と思えたかを規準に判定を行う。
⑤判定は、ジャッジ1が「セーの」と合図の声をかけたら、一斉に自分が勝ちとする対戦者を指差す。
⑥一試合終わったら、矢印のように位置を移動する。1人が二つの諺、3回のジャッジをするまで続ける。

以下のようなひな形を与えておいてもよい（次頁参照）。

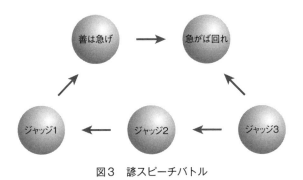

図3　諺スピーチバトル

「私は、『善は急げ／急がば回れ』は本当だなあと思います。私は、○○のとき、こんなことがありました。(中略) だから私は、『善は急げ／急がば回れ』は正しい諺だと思います」。

諺が主張で、生徒の経験が根拠として行われるスピーチである。スピーカーは、ジャッジを見てジェスチャーにも注意して行うことを指導する。また、ジャッジは、簡単なメモを取りながら、何がスピーチに説得力を与えているのかを考えさせながら聞くことを指導する。

その後、「二度あることは三度ある」と「三度目の正直」、「三人寄れば文殊の知恵」と「船頭多くして船山に上る」、「渡る世間に鬼はなし」と「人を見たら泥棒と思え」などを使い別のメンバーと行う。成功した話よりも失敗した話を例に出した方がジャッジの心に響くことが多いようである。

3. たほいや

辞書にある言葉を使って、その言葉がどういう意味なのかを当て合うゲームである［フジテレビ〈たほいや〉編1993］。もともと、イギリスの家庭で行われる"Dictionary"というゲームである。これは、「話す」「聞く」だけでなく、「読む」「書く」も同時に行う優れた学習ゲームである。ここでは簡略版のやり方を説明する。

①準備
　・プレーヤーの数は、5人を基本とする。
　・一人ずつ辞書、メモ用紙、鉛筆を用意する。
②対戦
　・親は辞書から、問題に適当な、同音異義語のない単語を選び、ひらがなでメモ用紙に書いてプレーヤーに見せる。
　・プレーヤーは辞書に書いてあるような説明を考える。その間、親も正解を辞書から書き写しておく。説明はメモ用紙に書き、親に渡す。
　・親は、メモ用紙に番号を振り、一枚ずつ声に出して読み上げる。

- プレーヤーは、説明をメモしながらどれが正解かを考える。書き取れないときは何回も言い直しを求めることができる。ただし、漢字を聞いてはならない。
- プレーヤーは、親の合図で正解と思われる番号を一斉に示す。
- プレーヤーは、なぜその番号を正解と考えたのか説明する。
- 親は、誰がつくった説明なのかを発表する。
- 親を変えて、ゲームを続ける。

　例えば、このゲームのタイトルになっている「たほいや」である。これは『広辞苑』に乗っている。さて、a.～e. のうち、どれが正解だと思われるだろうか。一つだけ、『広辞苑』（第四版）にある説明のまま載せてあり、後は筆者が適当に考えたものである。

　a. 遣小屋（やらいごや）に同じ。静岡県で言う。
　b. アケメネス朝ペルシャの寺院。
　c. 十二神将の内の一人。
　d. 相撲の手の一。
　e. オランダの物理学者。

　このように、親が辞書から言葉を選んで辞書の通りに書き写し、プレーヤーはいかにも辞書にあるような説明の文言を考えて問題にするのである。
　なぜ、話す聞くの学習ゲームになるかといえば、親がこの文言を読み上げるときに、プレーヤーがそれを正確にメモするからである。また、プレーヤーが自分で正解を選んだものの理由を述べるときに、根拠を示しながらのスピーチがあるので話すを行うことができる。
　私が指導した中学生たちが最も好んだ学習ゲームである。中学生は『広辞苑』を使う必要はない。通常の辞書で十分である。また、『古語辞典』や『現代用語の基礎知識』を使っても面白い。ちなみに、「たほいや」の正解は、a. であることを付記しておく。

以上のように、話す聞くを行わざるを得ない学習ゲームを紹介した。行わざるを得ないものではあるが、これらはどれも楽しく行えるものである。教室で生徒たちに楽しみながら力を付けていく教材であるといえる。

おわりに

　生徒たちは、話すことと聞くことは日常生活レベルであればできると思っている。その生徒たちに今まで以上に確かな話し方、聞き方を身につけさせるためには、自分が思ったよりもできないことを自覚させるか、話す聞くは面白いと実感させることが必要だと述べた。

　本章では、これを前提にして以下の３点について論じた。①態度的に聞くから技術的に聞くへの指導の転換、②話すための基礎技術のつけ方、③話すと聞くを同時に駆使する学習ゲームの実際、である。多くの教室で、楽しく話す聞くの力が身につく授業が行われることを期待したい。

参考文献・資料

上大岡トメ、池谷裕二『のうだま――やる気の秘密』幻冬舎、2008年

鴻上尚史『発声と身体のレッスン――魅力的な「こえ」と「からだ」を作るために』(増補新版) 白水社、2012年

フジテレビ〈たほいや〉編『たほいや』フジテレビ出版、1993年

山田ズーニー『あなたの話はなぜ「通じない」のか』筑摩書房、2006年

「発音・滑舌を良くする方法 スクラップ系まとめ」
　▶http://www34.atwiki.jp/katuzetu/pages/14.html

YouTube「たほいや再放送決定記念動画」
　▶https://www.youtube.com/watch?v=D8ptbGe6WKg

※ルール解説と実際のゲームの動画がある。（URLはいずれも2015年11月１日アクセス）

第7章 中学校 読むこと(文学)の教育と授業

はじめに

　高度情報化社会・メディア社会といわれて久しい。ケイタイやスマホは中学生の手にまでわたっており、ラインで部活の連絡を取り合ったり、書き込みにより誰でも「発信」できたりと中学生の言語生活も急激な変化を免れない。ディスプレイ上には、絵文字があふれ同じ単語がくりかえし用いられて、子どもたちのリテラシーそのものへの影響が懸念されてもいる。そのような現代において、中学生にとって教室で文学教材を読むことにどのような意味があるのか。文学教育が果たすべき役割とは何なのか。このことが改めて問われている。

第1節 言語の教育としての文学の読み

1. 文学教材の読まれ方

　国語科は言葉を学ぶ教科であり、文学教材なら文学としての独自性なり特異な点なりに応じた授業がなされるべきである。それは、自明なことであるに違いないが、国語教育関係の研究会に参加したり、実際の授業を参観したりしても必ずしもそのようになっていない。まずは、実際の教室での読まれ方の問題点についてみていくことにしよう。

（1）内容主義・主人公主義

　国語科は、内容面と形式面の両方を併せもつ教科である。とりわけ、文学的なテクストの場合、そのテクストの内容のみならず形式的な表現方法にも教材としての価値がある。しかし、よく見かけるのは、何が書いてあるかといった内容のみを読む仕方である。これは、主人公の生き方を前景化する主人公主義といってもよい。もちろん、語られた人間の言動や心理を読むのであるが、それは表現のされ方如何による。「何（what）」と「どのように（how）」の双方から読まれる必要がある。

（2）作者中心主義

　文学作品には、作者の思想なり主題なりが反映していることを前提とする読み方である。戦前の読み方教育は、作者を読みの起源とする解釈学であり、読むとは作者を読むことであるとされた。今でも「作者は何をいいたいの？」という発問がよくなされているように、そのような解釈学的な読解は、国語教育においていまだに強固である。別の言い方をすれば、作品そのものではなく、作者を読んでいるということである。例えば、宮澤賢治の作品は、小学校から高校まで複数掲載されているが、仏教徒でありデクノボーであった自己犠牲的な精神の持ち主としての作者があらかじめ

設定されていて、作品そのものの読みを疎外している。

（3）道徳主義

　文学作品に道徳的な教訓を読みとろうとするものである。『少年の日の思い出』（1年）は、「人のものを盗むのは良くない」「一度犯した罪は二度と償いができない」といった生活指導と見紛うばかりの主題が与えられることもあったのである。それでは言葉の教育としての文学教材の読みにはならないことはいうまでもない。文学教材は安易に道徳化されて読まれる傾向にあるが、文学と道徳は似て非なるものである。道徳が特定の価値観を一方的に与えるものであるとすれば、文学教育は読者が主体的にかかわることで、自らの既有の価値観を変容させたり新たな認識を獲得させたりすることを企図するものだからである。

2. 言語観の問題

　文学といわれるテクストでありながら、それがなぜ主人公や内容にのみ拘泥したり、作者に読みの根拠が求められたり、道徳的に読まれたりするのか。それは、第一に言語観の問題であり、第二に読み方に原因があると考えている。以下、そのことについて説明する。

（1）言語論的転回

　作品は作者の思想が反映されたものだとする考え方の根拠は、言語を道具とする言語代用説（用具主義的言語観）に基づいている。言語が意味・内容を運搬するという前提に立つから、作者の意図もそのまま作品に反映されると信じて疑うことはないわけである。国語教育では、言語を道具とみなし、それゆえ実体とする言語観が根強い。

　しかし、そのような言語実体論は、20世紀に入り見直しを迫られた。フェルディナン・ド・ソシュール（Ferdinand de Saussure 1857〜1913）を嚆矢とする記号論やルードウッヒ・ウィトゲンシュタイン（Ludwig Josef Johann

Wittgenstein 1889〜1951）らによる分析哲学は、言語をそのような道具とする見方を否定した。いわゆる言語論的転回である。言語と指示対象は１対１の関係にない。それゆえ、言語論的転回では、現実の世界があって言葉があるのではなく、言葉が世界を構成しているとする。我々は、言葉によって世界を分節化し構造化しているのである。「虹」を日本人は７色、イギリス人は６色、ネイティヴ・アメリカンは３色に見るといったことは、誰がどうみても「虹」なる存在が客観的にあるわけでないことの証左となっている。我々は、言語化された世界に生きており、言語化されていない世界や現実（外部）はあるにせよ、言語の限界が我々の認知や認識の限界なのである。したがって、作者の言いたいことが作品に忠実に反映されているなどという根拠はないということである。テクストは作者からは自立したものであり、テクストの一義的な主題が保証されない以上、道徳的な読み方もはまったく意味をなさないものとなる。

　このような言語論的転回は、哲学・歴史学・社会学・臨床心理学など、さまざまな分野・領域において自明のこととされ研究が進展している。哲学では言語を問題とする分析哲学がこの数十年進展してきたし、歴史学では1973年ヘイドン・ホワイト（Hayden White 1928〜）が、「歴史は物語られる」ことに目を向け歴史言説の修辞的分析が歴史研究の潮流となった。社会学では、言葉が世界を形づくるという見方により「社会構成主義（社会構築主義）」が主流となっている。さらに、臨床心理学でも臨床を「語り」「物語」という視点からとらえ直す方法として「ナラティヴ・アプローチ」が盛んに試みられている。しかし、言葉の教育であるはずの国語教育は、如上のような言語論的転回に何ら応じていない。研究的なアプローチのみならず、教育行政から教育現場にいたるまで、言語論的転回以前の言語代用説・言語実体主義の域を出ていない。そのことが文学の読みそれ自体の成立を妨げているばかりでなく、さまざまなレベルで齟齬や矛盾をきたすことになっている。例えば、学習指導要領や教科書では「事実」と「意見」を区別すべきことが説かれている。しかし、言語論的転回によると「事実」という指示対象があって「意見」として表象・伝達されるので

はない。「事実」として認識することそれ自体が言語化を免れていないのである。同じ事件・出来事を扱っていても、メディアによって報道のされ方は違うように、言語から離れた「事実」ということはないのである。さらにいえば、あらゆるテクストは、言葉と言葉の関係である以上、修辞的だということでもある。よく説明文は「現実」で文学は「虚構」といったように区別されるが、「現実」も言語化を免れない以上、説明文もまた修辞的である他はない。文学といわれるテクストも、「現実」という外部との対応関係ではなく、語り手の視点や語り手と登場人物の関係などテクスト内のメタレベルが問題とされなければならない。例えば、『故郷』（3年）を授業するのに、歴史上の辛亥革命や作者魯迅の伝記的事実が引き合いに出されたりするが、それは社会科の授業であって、国語の授業ではないことはいうまでもない。

（2）他者体験としての読み

　中学校教科書の定番教材として、『少年の日の思い出』『走れメロス』（2年）、『故郷』を挙げることができる。これらは、すでに半世紀にもわたって掲載され続けている。それでは、教室において、どう読まれているか。『走れメロス』は、「友情と信実」の物語であり、『故郷』は「希望をもって生きることの大切さ」が主題とされている。先に挙げた内容主義・主人公主義の格好の例である。しかし、わざわざ学校で読む必要があるのだろうか。「友情」や「信実」なら、アニメや映画などでもお馴染みのテーマなのではないか。「希望」をもたせたいなら、『故郷』を読むよりも、みんなで合唱したりテレビの学園ドラマでも見た方がてっとり早いのではないか。中学生に「友情」の大切さを教えたい。高校受験を目前にした3年生に「希望をもってがんばれ」と励ましたいという学校側・教師側の願いは理解できる。しかしそれでは、『走れメロス』や『故郷』それ自体を、文学として読んだことにはならないだろう。

　また、「友情」にしても「希望」にしても、それは生徒の既有の見方・価値観を追認しているにすぎないといわざるを得ない。文学を読むとは、

生徒にとって既有の見方とは異なる見方に立ち会わせることであろう。主人公や登場人物に同化しつつも、他者として異化する体験がとりわけ重要である。読者は、読書行為という虚構の世界で、主人公に同化しながら読んでいくだろう。しかし、一方で、自分が主人公その人でないことも了解している。つまり、〈私〉であって〈私〉でない、という中間的な位相をとるのである。〈私〉であることから解放されるが、そうかといって〈私〉と無縁ではないという地点で、悲しんだり、怒ったり、考えたりする。〈私〉だけでない、他者の見方や考え方に出会うのである。日常の世界とは異なる、〈私〉の見方とは違う他者体験に文学の読みの役割がある。他者とは自己化できない対象である。既有の見方を追認することにとどまるのでなく、異質な他者とのせめぎあいや葛藤を体験する。そのこと自体が読む行為であろう。そのためには、教える者がまず読みをもつものでなければならない。教師の読みの質が授業を左右する。授業力向上といわれる昨今であるが、何を教えるかがないところには、どう教えるかもないはずである。教材研究の重要性はいくら強調してもしすぎることはない。

第2節 文学の教材研究

1. 教材研究とは何か

　教材研究とは教材としての価値を引き出すことである。生徒の発達段階や実態を踏まえて、目の前の生徒にとって、この教材を扱うことにどのような意味があるのかを考えるのである。文学教材の場合、その作品について一人の読者として自分なりの読みをもつことが不可欠である。もちろん、読みをもつことは、そんなにたやすいことではない。それでも、自分の読みをもつのでなければならないのは、子どもの読みに対応するためである。自分の読みをもつとは、生徒に自分の読みを押しつけるという意味ではまったくない。そうではなくて、授業を生徒に開かれたものにするために

必要なのである。実際の授業では、予想もしない反応が出てきたり、不可解な読みが出されることもある。指導案の通りに進むとは限らないのがむしろ普通である。しかし、そこにこそ授業のダイナミズムをみるべきである。そのためにも、自分の読みを構築しておく必要がある。自分の読みをもって授業にのぞめば、授業は楽しいものとなる。生徒がどう読むのかが気になり、その読みの意味するところが理解できるからである。

　どのような授業をするかは、その教材をどう読むかにかかっている。それは、そのテクストの構造・語り・修辞など固有の方法に目を向けていくことである。ここでは、基本的に重要と思われるテクストの方法について述べることにしたい。方法を読むことがそのテクストが拓く独自の世界に近付くことになるからである。

2．方法を読む

（1）物語／小説

　物語と小説は、文学教材として一括されるが、区別して考えた方がよい。『ごんぎつね』は物語だが、『少年の日の思い出』は小説である。物語とは、二つ以上の出来事が継起的に語られた言語行為のことである。「メロスは走った」では、物語にならない。「メロスは走った。そして約束の時間までに戻ってきた」という複数の出来事があって物語となる。また、物語とはある出来事を「始め－中間－終わり」という時間の流れにそって筋立て、意味づけていく行為でもある。二つ以上の出来事があるということは、物語には時間が生じるということである。また、物語には主人公（登場人物）がいる。主人公Aは、ある出来事に遭遇し体験することでA'へと変容する。この場合主人公は異界へと参入することが多い。桃太郎は鬼ヶ島へ行き、鬼退治をして裕福になって帰還する。宮崎駿監督『千と千尋の神隠し』の主人公「千尋」も、「湯婆婆」の世界に迷い込み、精神的にたくましい女の子になって現実世界に戻ってくる。

それでは、物語と小説はどう違うのか。E. M. フォースター（Edward Morgan Forster 1879〜1970）は次のように区別している［フォースター 1994］。

> われわれはストーリーを、「時間の進行に従って事件や出来事を語ったもの」と定義しました。プロットもストーリーと同じく、時間の進行に従って事件や出来事を語ったものですが、ただしプロットは、それらの事件や出来事の因果関係に重点が置かれます。つまり、「王様が死に、それから王妃が死んだ」といえばストーリーですが、「王様が死に、そして悲しみのために王妃が死んだ」といえばプロットです。

「ストーリー」は、出来事が時間の進行に従って展開するのに対し、「プロット」は出来事の順序より因果関係が問題となる。それゆえ、ストーリーは「それから？」、プロットでは「なぜ？」が問われることになる。先に、文学の読みでは、〈What〉のみならず〈how〉の重要性を指摘したが、小説では〈why〉という問いが求められる。

（2）文脈化／脱文脈化

言葉の意味は文脈において決定される。「花」という言葉も、古典文学では「桜」のことを意味するし、「花ある君と思ひけり」（島崎藤村『初恋』）の「花」は実際の「花」ではなく比喩的な意味に解することになる。文学的なテクストの場合、字義通りの意味（辞書的な意味）だけでなく、テクストの文脈に応じて意味を付与していくことが基本的な作業となる。

しかし一方で、文学を読むことは文脈から逸脱することでもある。脱文脈化とは、想定した意味を相対化するということである。読む上で、脱文脈化が必要なこともある。『走れメロス』では、語り手は「メロス」を「友情」と「信実」のヒーローに仕立て上げようとする。しかし、自分で友人を人質に差し出しておきながら、友を救うために走るというのは、欺瞞ではないのかという語り手の文脈からは逸脱した読みも可能でありかつ意味のあるものとなるだろう。

(3) 語り手／語り

　物語にせよ小説にせよ、誰かがある視点から語ったものである。先に述べたように、従来作者が問題化されてきたが、中学校教科書においても、2012（平成24）年版から「語り手」を問題とする学習課題が出され、コラムとして説明されてもいる。語り手とは、物語行為をなす虚構上の主体である。作者とは異なることに留意しなければならない。もちろん、文学作品は草木のように自然に生えてきたわけではなく、誰かが書いたものである。しかし、書いた作者とテクスト中の語り手とは別に考えることが必須である。「男もすなる日記といふものを、女もしてみむとしてするなり」で始まる『土佐日記』の作者は、紀貫之という「男」であるが、語っているのは「女」であることを主張している。「吾輩は猫である。名前はまだ無い」は、夏目漱石の小説『我が輩は猫である』の冒頭だが、作者は「猫」であるはずもなく、語り手という作者とは別の概念が必要になる。つまり、古来作者と語り手が分裂していることが、虚構テクストの構造的な特徴なのである。新聞や論文では、書いた者の責任が問われる。しかし、文学の場合、人殺しの小説を書いたからといって罪に問われることはない。語り（方）を読む、語り‐語られる関係を読むことは、文学テクストを読み深めていく上で肝要であることを強調しておきたい。

　語り手はすべてを語り尽くすことはできない。（登人物の外であったり内であったり）ある視点を選択し、その語り手なりの価値観・立場・意図などにより語るのである。それゆえ、何かを語ることは何かは語らないことであり、あるいは語ることによって別の何かを語ってしまうこともある。ここで注意しなければならないのは、従来いわれてきた「視点論」とは異なるということである。ジュラール・ジュネット（Gerard Genette 1930〜）がいうように、「誰が見ているのか、という問題と、誰が語っているのか、という問題」［ジュネット 1985］とは別だということである。芥川龍之介『蜘蛛の糸』（2年生）でいうなら、「蜘蛛の糸」を「犍陀多」が登っている場面、「ところがふと気がつきますと、蜘蛛の糸の下の方には、数限りもな

い罪人たちが、自分の後をつけて、まるで蟻の行列のように、やはり上へ上へ一心によじのぼってくるではございませんか」とあるが、見ているのは「犍陀多」だが、「ございませんか」という丁寧体からもわかるように語っているのは語り手である。「誰が見ているのか」と「誰が語っているのか」は区別されねばならないのである。

（4）二重の時間／二重の世界

　国語教育では、よく「描写」が取り沙汰されるが、「描写」が眼前の事象なり出来事なりを描くことだとすれば、厳密にいうと、物語や小説においては「描写」されることはない。語りとはあくまで事後的になされるからである。物語や小説は過去形で語られるのが一般的であり、予言的あるいは現在形の物語や小説がないではないが、少なくとも教科書に掲載されるテクストは過去形である。ということは、出来事が起こった時点と語られている時点とは異なるということである。山川方夫『夏の葬列』（2年生）では、主人公が大人になった現在の時間と学童疎開していた戦時中の時間が交互に語られている。過去がフラッシュバックして、現在の主人公を脅かすというこのテクストに効果的な語りが用いられているのである。つまり、出来事が起こった時間と語っている時間の二つの時間がテクストには流れているということである。さらにいえば、時間の隔たりがある以上、語りによってもう一つの時間は、忠実に再現されている（描写されている）というより、語ることで変形・加工を免れないということである。

　また、時間が二重化されているということは、世界も二重に語られるということでもある。宮澤賢治『オツベルと象』（1年生）では、冒頭「……ある牛飼いが物語る」とあり、語り手は「牛飼い」という語り手を設定している。そして「オツベルときたらたいしたもんだ」「オツベルかね、そのオツベルは、俺も言おうとしてたんだが、いなくなったよ」とあり、「オツベル」が「白象」の到来により、破滅していく出来事の世界とは別に「牛飼い」が語っている世界があることがわかる。物語や小説には、二重の時間が流れ、二重の世界が併存することは他のテクストには見られな

い文学に特有のことであり、読み方の基本として生徒にも意識化させておきたい。

第3節　文学の授業研究

1. 『走れメロス』の授業

　太宰治作『走れメロス』は、1940（昭和15）年5月『新潮』に発表された。教科書には、1956（昭和31）年に初めて採用されている。教育における受容の傾向としては、「友情」や「信実」が主題とされ、メロスの自己変革がその根拠とされる。妹に祝言を挙げさせ、ディオニス王との約束を果たすため王城に戻る途中、いったんはふてくされるものの、再び走り出しセリヌンティウスの命を救う。すなわち、王に「信実」の存するところを身をもって示し、友人の命を救うという「友情」物語として読まれてきた。授業でも「友情」「信実」が主題化され、中学生もメロスの行動に感動するというように読まれてきた。しかし、複数の実践報告が指摘するように、そのようなメロスに欺瞞を感じ、非現実的でばかばかしい話だとする批判的な反応が出されてもいることを看過してはならないだろう。つまり、教材研究の時点では、「友情」と「信実」が主題として措定され、そこに教材価値を見出したとしても、授業ではその主題自体に違和感をもち批判的な読みを出す生徒もいるということである。批判的に読む読者は、教材を読めていないからだと断定することはたやすい。しかし、複数の授業からそのような報告がなされている以上、授業の意図にそぐわないからといって切り捨ててよいものだろうか。実際のところ、文学研究においても批判的・消極的な読みは少なくない。また、『走れメロス』は、1937（昭和12）年『新編シラー詩抄』[小栗訳1937] 所収の「人質」が参照されたことは周知のことであるが、授業では「人質」との比べ読みが行われ、『走れメロス』に違和感をもつ生徒たちも「人質」になら「友情」や「信実」

を読むことができたと報告されてもいるのである。すなわち、『走れメロス』に批判的な生徒の読みは、決して読めていないとばかりはいえないことになる。とすれば、『走れメロス』に「友情」や「信実」を見、そこに教材価値を求めること自体が再考されねばならないということである。教材研究は授業によって絶えず見直される必要がある。また、授業それ自体も、読者の反応によっては再考され変更されるものでなければならないだろう。文学の授業において求められるのは、教材研究と授業の相互的な往復であろう。教育は目的的な営みであって、授業にはめあてが、教材研究には読みが不可欠である。しかし、少なくとも文学の授業においては、教材の価値は決して自明のものでも所与のものでもなく、生徒の反応によっては再考されねばならない、開かれたものであるべきだろう。読者の側に立つこと、読者とともに授業をつくることこそ、文学の授業において追究されなければならない。

おわりに

　世界が言語化されている以上、我々は意味から逃れることはできない。他者の心を読もうとしたり、世界で起こるさまざまな出来事の意味をとらえようとする。文学テクストを読むことは、世界や他者を読むことであり、その意味で生きることと無縁でない。世界や他者と向き合うことは、自己を探求することでもある。かつて、国語教育の先達である蘆田惠之助（1873〜1951）は「読み方は自己を読むものである」といった［蘆田1988］。しかし人は他者の中に自己を読むものだろう。とすれば、「読むとは自己を問う」ことに他ならない。

【付記】
　本論において引用した『オツベルと象』『蜘蛛の糸』『初恋』の本文は、すべて『伝え合う言葉——中学国語』［加藤ほか2012］によった。また、『吾輩は猫である』は『漱石全集』［夏目1993］による。

引用・参考文献

芦田恵之助（古田拡ほか編）『芦田恵之助国語教育全集 第7巻 読み方実践編 その1』明治図書出版、1988年

小栗孝則訳『新編シラー詩抄』（第2部第300篇）改造社、1937年

ガーゲン，K・J.(永田素彦、深尾誠訳)『社会構成主義の理論と実践──関係性が現実をつくる』ナカニシヤ出版、2004年

鹿島徹『可能性としての歴史──越境する物語り理論』岩波書店、2006年

加藤周一ほか『伝え合う言葉──中学国語』1〜3、教育出版、2012年

齋藤知也『教室でひらかれる〈語り〉──文学教育の根拠を求めて』教育出版、2009年

ジュネット，ジェラール（花輪光、和泉涼一訳）『物語のディスクール──方法論の試み（叢書記号学的実践2）』書肆風の薔薇、1985年

鈴木泰恵ほか編『〈国語教育〉とテクスト論』ひつじ書房、2009年

全国大学国語教育学会編『国語科教育学研究の成果と展望 II』学芸図書、2013年

千田洋幸『テクストと教育──「読むこと」の変革のために』渓水社、2009年

竹内常一『読むことの教育──高瀬舟、少年の日の思い出』山吹書店、2005年

田近洵一『創造の〈読み〉新論──文学の〈読み〉の再生を求めて』東洋館出版、2013年

丹藤博文『文学教育の転回』教育出版、2014年

中村龍一『「語り論」がひらく文学の授業』ひつじ書房、2012年

夏目金之助「吾輩は猫である」『漱石全集』第1巻、岩波書店、1993年

難波博孝編『臨床国語教育を学ぶ人のために』世界思想社、2007年

野家啓一『物語の哲学』岩波書店、2005年

野口裕二編『ナラティヴ・アプローチ』勁草書房、2009年

浜本純逸監修『文学の授業づくりハンドブック第4巻 中・高等学校編』渓水社、2010年

バーガー，ピーター、ルックマン，トーマス（山口節郎訳）『現実の社会的構成——知識社会学論考』(新版)　新曜社、2003年

フォースター，E. M.(中野康司訳)『小説の諸相（E. M. フォースター著作集8)』みすず書房、1994年

藤原和好『語り合う文学教育——子どもの中に文学が生まれる』三重大学出版会、2010年

前田彰一『物語のナラトロジー——言語と文体の分析』（千葉大学人文科学叢書3）彩流社、2004年

White, Hayden. *Metahistory*, The John Hopkins University Press, 1973.

第8章

中学校
読むこと（説明文）の教育と授業

はじめに

　高度情報化社会の到来やコミュニケーション能力の育成が叫ばれて久しい。瞬時にあらゆる情報が手に入ることも可能になった。その情報の質を見極めながら、何を選び取り、どう思考・判断し、自分の考えを相手に効果的に伝えるのか。自らが自分の考え方や感じ方、ものの見方を人に伝えることの重要性がクローズアップされている時代でもある。言語生活そのものが受け身で流されたままの生活になっていないか、再検討する必要がある。人とかかわりながら、自らが働きかける力が要求される時代に入った。

　そういう意味では、受動から能動へと質的な転換が求められる現代社会の中で、情報をどう選択し、何を受け取り、どう共有を図り、どう自らが発信するのかが求められている。説明文を読むという行為が、単に文章を理解する力につながるだけでなく、自らが表現の主体者になる発信行為へと転換することが期待される。

文学における読みの学習では、作品世界を味わい深く想像的に読むことで、言語の力を伸ばしていく。作品に意味を与えて見いだしていく行為の中に、言語の力がかかわっていく。一方、説明文の読みの学習では、事実の世界が述べられており、知的好奇心を働かせながら読む力を育成するのである。説明文の読みに要求される言語の力は、ものの認識に関わる論理的な思考力や表現力育成につながるように学習指導を組み立て、工夫していく必要がある。

　ところが、言語技能に傾斜をかけすぎると、文学の授業は楽しいが、説明文の授業は機械的でつまらないという声が多くなってしまう。小田迪夫[1996]は、説明文の授業では、内容を知るおもしろさから早々に離れて、文章構成や要点をとらえたり、要旨をまとめたりする学習を強いる形の画一的な授業が多く行われてきたと指摘している。形式的な読みは、確かに情報の大切なところを素早く受け取るための術として、身につけなくてはいけない言語の力であることはいうまでもない。しかし、無味乾燥で形式的な指導を進めることで、説明文を読む意欲を削いできた面も指摘されている。説明文の読みの授業には、文学教材を読む楽しさとは質の違うおもしろさを仕組んだ、魅力ある授業にしていくことが大事である。その営みの中に、構成や要点をとらえたり、要旨をまとめたりする学習を採り入れていくのである。

　まず、説明文のとらえ方と授業づくりに向けた考え方をみていくことにする。

第1節　言語の教育としての説明文の読み

1. 書かれている内容や筆者の考えを正確に、的確にとらえる読み

　説明文の授業というと、文章の段落間の関係を考え、段落構成をとらえたり、事実と考えを分けてとらえ、段落の内容を要約したり、小見出しを

つけたりする言語活動がまず頭に浮かぶだろう。さらに文章全体の要旨をとらえ、筆者の考え方を浮かび上がらせる手順と方法とを学ぶ。これらの学習活動は、いわば、短い時間の中で素早く文章を理解する力を養うために行われるものである。その説明文が何を伝えようとしているのかを把握するために行われるのだ。さっと読んだだけで、内容を的確にとらえ、要約して筆者の考え方に効率よく辿り着くために指導であり、内容理解に欠かせない力を育てるのに役立つ。忙しくかつ大量の情報を受けとめる現代人には、整理して素早くとらえる力が要求されるのである。

　一方、言い方を換えると、何が書かれているかをとらえるだけの技能的な読みになる。そこでは、事実や具体例は、筆者の考えとは区別され、切り落とされ削られていく存在として扱われる。長い文章も筆者の大切な考え方だけに限定されることにより、より短くまとめられていく。そのための重要語句以外のものは消える運命にある。素早く情報処理していくために、説明文を読む力を育て、正確さや的確さをねらうのである。

　ただし、説明文の読みの学習をそれだけのためだけに行うことは、避けなければならない。なぜかというと、学習が画一化されやすく、いつも試験問題を解いているような読解力だけを要求されるような、画一化された読みに陥る危険性があるからだ。説明文を読みながら、わくわくしながら読んだり、追究したりする中で、文学の読みとは、また質の違ったおもしろさを感じながら、意欲的に読む活動が行われることが望ましい。形式的な読む力も、目的をもった必要感のある中で行われることが望ましい。

　それでは説明文の読みの力を、どのように考えたらよいのであろうか。次の項から、さらに考えてみることにする。

2．筆者の述べ方や伝え方を表現の工夫としてとらえる読み

　国語科の説明文学習の大きな特長として、筆者である書き手の存在を意識することが挙げられる。他教科の内容を説明している文章の場合、その多くは、書き手の存在など、問題になることはほとんどない。つまり説明

されている内容が重要なのであって、書き手の立場や存在を意識し、どう伝えたらよいかということについて考えることはない。国語科では、説明文の場合、筆者の存在や書き手の立場が言語表現に表れることを問題にする。それは、単に内容だけをとらえるのではなく、どのような言葉を使って伝えようとしているか、どのような述べ方で伝えようとしているかが学習の対象になるのである。

　それは、伝え方を学ぶ学習といってよい。この伝え方は、自らが書き手になったときに、相手に伝えるための説明表現の仕方を学ぶのであり、そのことによって、自分の調べたことや考えたことを効果的に、しかも説得力を持って伝える力を育成する、そのために読むということになるのである。自らが伝えるために、その参考とするために読むという、目的をもった読みに変換されるのである。

　先ほど述べた事実や具体例も、筆者の考えを述べる根拠がそこにあり、有機的なつながりの中に説得力があると考えれば、切り捨てる対象にはならないのである。むしろ、具体例の価値や述べ方を筆者の工夫としてとらえ、その工夫を参考にして、自らの表現活動に応用させていこうとする考え方である。そこには、読み手を意識した効果的な説明表現があり、構成を考え、筆者の考えを読み手に印象付けるねらいやその証拠となる具体的な事象が説明されることにより、一層読み手を引き込む効果的な構成や組み立てが行われているのである。それらを筆者の工夫としてプラスで受け止め、自分の表現に活かそうとするために読むのである。説明表現力の育成と結びつけて説明文の読みの力をとらえる点で、注目する必要があるだろう。

　ただ、気をつけなければならないのは、筆者の説明の仕方を盲目的にとらえ、真似をするだけの学習にならないようにすることである。筆者の説明表現の良さを良さととらえ、また、限界を同時に見つめる視点も必要となるであろう。

3. 伝え方を評価したり批判的にとらえ直したりする読み

　そこで、説明文の表現の仕方、効果的な伝え方、よりよい表現を求めて読み手が主体的に読むためには、評価しながら読むことが有効である。伝え方そのものを吟味の対象にし、より効果的に伝わるかどうかを、筆者とは距離を置いてとらえていくのである。

　それは、ときに批判的にとらえることになるし、よりよい表現を求めて、客観的にとらえ直すために読むことになる。そこでは、より洗練された表現の効果を考えることが行われる。自らが書き手になったつもりで、より伝わりやすい表現を求めて、授業が行われる。読み手が、自分だったら説明する表現をどう変えるのか、自分だったらこう伝えるという視点で読んでいくのである。その文章を構成する語句や鍵になる語であったり、組み立てであったりするものが、どんどん形を変えることにより、書き手の意図と表現との関わりが、より鮮明に浮かび上がってくる行為といえる。むしろ批判的に読むことで、読み手がどう理解するかという領域を超えて、発信する側としてより効果的な説明表現を求めていく領域へと進化していくことになるのである。

　ここで気をつけたいのは、批判をすることが、ただ否定するだけの消費的な読みに陥り抜け出せなくなるのではなく、いかに生産的な読みにつなげていくかという建設的な考え方を基盤に読み進めることができるよう配慮していくことであろう。よいものはよいと、良くないものは良くないと根拠を挙げて検討を加えることに、説明表現力を培う素地があることに留意しておくことが必要である。

第2節　説明文の教材研究

　説明文の読みの学習を考えるとき、教材そのものから学べるものと教材を通して学べるものとを見通しながら、教材研究にあたる必要がある。基

礎的な読みを説明文に沿って、学習者の立場で分析検討していくことが求められる。さらに筆者の立場で表現していく力を引き出すこともなされなければならない。説明表現の力を育てる読みの力を明らかにしていくことが、求められるのである。

そこで、教材研究で留意したいことを挙げてみよう。

1. 構造的な教材分析の必要性

まず、説明文の文章全体を１枚の図の中に入れられるだろうか。筆者の考えや事例など、内容を表すものと、述べ方伝え方に関わるものとをまとめていくのである。その文章がどの単元に属し、どんな力を養うための目標が立てられているかを見極めて、そのねらい達成のための教材分析を試みるのである。

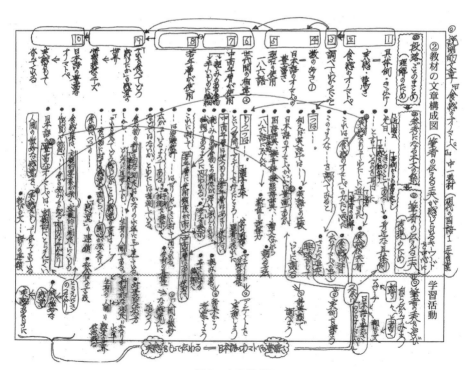

図１　文章構成図

例えば、**図1**に示すのは、三省堂の中学1年教科書『現代の国語　1』にある「食感のオノマトペ」の文章構成図である。言語感覚を磨く単元の中にある説明文なので、単元の中で言葉への感覚につながるように読み進めることが肝要である。そのために関連する語句や関係する文をキーワードをもとにまとめるのである。

　この分析をもとに、学習のねらいを明確に設定し、学習活動を絞り込んでいくのである。1枚の図にまとめることで、教師の読みが構造化される良さと学習者の反応予想とを結びつけながら、授業構想のための一段階をなす作業として重視していきたい。

2. 書き手の立場に立つ表現者としての吟味

　教材分析を試みる中で重要なのは、学習者に学ばせたい、効果的な表現と特長をおさえることである。実際の学習場面では、本文そのものの評価活動を行うことにより、文章表現を吟味しと妥当性を検討し、その効果を考える活動を重視するのである。

　その活動を保証するのは、説明文に多く現れる表現の特色を、読み手に新たな情報として効果的に伝える方法を学ばせるということである。そのときに、小田［1996］は、次のような表現上の特色をおさえさせることが必要だと提案している。

　①対比する述べ方：説明対象の特質を明瞭にする
　②同類の事例の列挙：伝えようとすることの説得性を強める
　③反復表現：伝えようとすることの強調点を明瞭にする
　④問いかけ：読み手の問題意識、知りたい思いを強める
　⑤比喩表現：読み手にとって未知、未経験の物事の理解（類推による
　　　　　　　理解）を容易にする
　⑥引用（格言や権威者の文言など）：伝えようとすることの信頼性を高
　　　　　　　める

⑦数量的データ：客観的な根拠を示すことで伝えようとすることの確かさを強める

　このように、文章を形づくる筆者の表現上の工夫をおさえるようにして教材分析をしておくと、表現の効果や意図が浮かび上がってくる。さらに、その工夫が、より効果的に伝えられていくために機能しているかどうかを吟味・検討するのである。

3. 表現活動や読書活動と関連させた単元としての構想

　教科書単元をみると、話すこと・聞くことの活動と抱き合わせて一つの説明文単元を構成しているもの、意見文など書く活動に発展させる表現単元の中に構成されているもの、さらに、文学教材と組み合わさって深く理解を促し、テーマを追究する単元として構成されているものなどがある。

　これらは、説明文教材が、表現力を育成するための言語活動を伴って位置づけられていたり、キャッチコピーや読書のポップ作りなど、単元の中で説明文の読みが創造活動に応用されていき、作成をする目的のために読んだり、位置づけられていたりするのである。説明文の読みから、どのような説明表現力を育てることが可能なのかを確かめ、育てたい力を明らかにしながら、教材研究にあたる必要がある。そして、前の学年での既習事項と次の学年へのつながりも、発達段階としておさえる必要があるだろう。

　説明文の文章があるからまず読むというだけではなく、どんな目的のもとに読むのか、表現させてから読むのか、読書活動に発展させるのか、さらには、書く活動でリライトさせるのか。一連の学習を単元としてとらえることで、目的のある、必要感のある学習を構築していくことが求められるのである。

　要は、説明文の読みをどう活用するかにかかっている。問題解決的に読むことによって、説明文を読むことが目的となるし、表現活動のために説明文を読むことで、必然的に読む力が備わるようにしたい。

第3節　説明文の授業研究

1. 内容への関心からそれを支える言語的好奇心へ

　授業の中で、学習者は、扱われている話題や題材にまず惹かれる。文章にあるように、筆者自らが問いを持ち、その問いに対する解決への道筋を、読者が一緒に歩むとき、わくわくしながら読み進めていくのである。その問題解決へのプロセスの中で、「なぜだろう」「どうしてだろう」という知的好奇心と、表現し伝える書き表し方を吟味することとがつながるようにしたい。

　図や写真との関連や具体的な数値データなど、読み手が書き手の意図に迫ろうと、想像力を働かせ、事象と事象とを結びつけるところに説明文の妙味がある。

　伝え方の工夫のよいところやそうでないところを根拠を挙げながら評価していく活動へとつながるためには、自らが筆者になりきることが大事である。表現の主体者になることで、説明文の読みがより主体的になり、さらに、自分の表現のために読むという明確な目的意識をもった説明文の読みへと変容していくのである。

2. 説明表現に焦点を当てた論理的思考力の育成

　その説明文が、どういう意図で書かれているか、その主張や考えに妥当性があるか、説得力はあるのか。さらにどう書く活動を用意するのか、話す聞く活動につなげるのかなど、留意する点は多い。

　表現を志向した読みの力を目指すために、思考の型に気をつけて、授業で扱うようにするとよい。

　思考の型としてみられるのは、個別に働くものではなく実際には複合的に働いている。複雑な思考をそれぞれ特色から取り出すと次のようになる。

初級段階としては、①時間空間的な順序、②対比的差異、③並立列挙による共通性と類似性、④事象と事由の関係などに注目して、思考のパターンを追うようにする。

　中級段階では、⑤事象の推移や変化の発展性法則性、⑥類化分類による差異性共通性、⑦帰納的に個別から共通性、⑧演繹的に共通性から個別性など、思考のプロセスを扱うようにする。

　上級段階では、⑨原因と結果前提と帰結の関係、⑩物事の成り立つ条件、⑪類推による想定、⑫過程推理による判断、⑬仮説と証明、⑭相関的な関係など、関係性に着目し、推測推理する思考を進めるのである。

　これらの中から、発達段階に応じて、その特徴的な表現と思考の型を見いだし、さらに教材単元のもつ方向性を意識して授業づくりを焦点化していくとよいだろう。そして、その思考の型が、全体の目標とどのようにつながるのかということを意識して、授業構成を工夫していくとよい。

3. 情報の求め方や活かし方への質的転換

　単元の中で説明文の読みの学習があることで、扱われている情報の求め方や活かし方を学ぶことができる。教科書の本文だけでなく、他に資料を求め、問題意識をつなげたり、発展させたりすることができるのである。知的好奇心を揺さぶられながら、自らの問題意識を追究していき、自らがまとめて、人に伝える言語活動を伴うのが、説明文の読みの神髄である。

　それは、主体的に調べて探し出す、資料を集めて取捨選択する、新しい知見を得る、効果的に伝える方法を考える、話し合ってまとめる、お互いに評価し合うなど、一連の問題解決のプロセスを学ぶことができる。協働学習を行いながら、共有し合い、批評し合いながら、説明表現の力を伸ばし高め合うのである。情報の送り手として発信者になることで必要感のある説明文の読み手が育っていくのである。

　このように説明文の読みの力は、情報を素早く読み解くだけで終わるのではなく、自らの説明表現力を伸ばすために、自らの表現に取り入れるた

めに、自己の説明表現に活かすという明確な目的意識を持った意図的な学びを引き出す、読みの力を育成するようにしたい。そのためには、学習者同士の学び合いや共有が欠かせない。ときに表現の魅力を受け止め、ときに批評し合いながら自らの説明表現を高めていくのである。説明文の読みの力は、主体的な発信者の側に立って初めて、実感の伴う読みに質的に変化していくのである。

引用・参考文献

井上尚美『国語の授業方法論——発問・評価・文章分析の基礎』一光社、1983年

小田迪夫『説明文教材の授業改革論』明治図書出版、1886年

小田迪夫ほか編著『二十一世紀に生きる説明文学習——情報を読み、活かす力を育む 小学校国語』東京書籍、1996年

楠見孝、子安増生、道田泰司編『批判的思考力を育む——学士力と社会人基礎力の基盤形成』有斐閣、2011年

三宮真智子編著『メタ認知——学習力を支える高次認知機能』北大路書房、2008年

田近洵一、井上尚美編『国語教育指導用語辞典』(第四版) 教育出版、2009年

日本教材学会編『教材事典——教材研究の理論と実践』東京堂出版、2013年

増田信一編著『学び方を養う読書の学習』学芸図書、1997年

森田信義『「評価読み」による説明的文章の教育』渓水社、2011年

森田信義『筆者の工夫を評価する説明的文章の指導』(授業への挑戦53) 明治図書出版、1989年

『現代の国語 1』(中学校教科用図書) 三省堂、2015年

第9章

中学校 書くことの教育と授業

はじめに

　中学生にとって、作文はあまり気の進まないものらしい。国語が好きでも作文は嫌いという生徒もいる。作文が好きでない理由を尋ねると、「どう書いていいかわからない」「たくさん書けない」などと答える。

　携帯電話でのやり取りが日常化している現代では、生徒もメールやラインで用件や気持ちを伝え合う。そこに使われるのは、短い文や単語であり、書き方も思いつくままといったものである。ある程度の量の文章を、相手にわかりやすく書くという機会は、学校の授業以外にはないといってもよいかもしれない。

　しかし、時代が変化しても、自分の意見や思いを文章で伝える力が必要であることはいうまでもない。授業で「書く力」をつけていくためには、書くことを楽しめるような活動を工夫する必要がある。この章では、授業の進め方と共に、指導者の日ごろの準備などについても考えていきたい。

第1節　書くことの授業の意義と指導者の姿勢

1. 考えをまとめる

　書くことは、考えをまとめたり整理したりすることにつながる。考えたことを文章に書いて伝えるためには、まず自分の考えを確かなものにしなければならない。そして、それをどう表現すれば相手に伝わるかを考える必要がある。この一連の活動を通して、自分とじっくり向き合うのである。そのような機会をつくるのが、授業で書く活動をする意義の一つ目である。
　指導者は、生徒にとって考える価値のある課題を設定しなければならない。指導者自身が、日ごろから題材を考えたり資料集めをしたりしておくことが大切になってくる。

2. 書き方を学ぶ

　授業で書くことを学習する意義の二つ目は、書き方を学ぶことである。読み手にわかりやすく伝える文章を書くためにはどうすればよいかを、3年間の積み重ねで学んでいくのである。具体的な指導内容は学習指導要領に示されている。
　大切なことは、一つひとつの書く学習の目的を、生徒に明確に示すことである。根拠をはっきりさせて書く、あるいは資料を効果的に引用する、または描写を工夫するなど、それぞれの活動でつけたい力、つまり学習目標がある。それを生徒に意識させ、書く力の積み重ねを実感させたい。
　手紙や案内状などを書く活動もある。それらの書き方を学ぶことも、大切な学習である。学校行事や職場体験などと関連させることで、書くことへの意欲が高まるようにしたい。

3. 自分を取り巻く世界に関心をもつ

　書くことは、それまで関心がなかったことに目を向けたり、新しい視点をもったりする機会となる。書くための課題そのものが、新しい世界に関心をもつきっかけとなることもあれば、書くために資料を集めることで視野が広がることもある。

　指導者は、生徒が自分を取り巻く世界に関心をもったり、考えを広げたりできるような課題を考える必要がある。これは、「1. 考えをまとめる」の項で述べた指導者自身の日ごろの題材探しにも関連してくるといえよう。

4. 互いに学び合う

　書く活動も学び合いの場である。書くことそのものは個々の作業であり、学び合う場はできあがった作文を読み合うことだと考えがちである。しかし、書いている途中でも、あるいは、書くための材料集めの段階でも、学び合う場をつくることはできる。学び合う場を多くつくることで、新しい視点や見方を知り、それが書く意欲につながるようにしたい。

第2節　学習指導要領における「書くこと」

1. 教科書における「書くこと」の学習

　教科書では、「書くこと」の活動をどのように展開しているのだろうか。まず、どれか1社の教科書について、「書くこと」の単元を3年間通して読んでみよう。書く力をつけるための学習の積み重ねが、具体的な形となって見えてくるだろう。次に他社の教科書も読んでみよう。教材の構成や題材は異なるが、各学年で目指しているものは同じであることに気付くはずである。それは、学習指導要領で学年ごとの指導事項が示されており

（次項参照）、それに沿って教科書の「書くこと」の単元がつくられているからである。

この機会に教科書における「書くこと」の単元を読み、それに沿って展開する授業を想像してほしい。

2. 学習指導要領における「書くこと」の指導

（1）各学年の目標

「書くこと」の目標は、各学年の目標の(2)に掲げられている。そこでは、書く能力と書く態度について述べられているが、書く対象についても示されている。ここでは、「書くこと」の３年間の目標を概観していく。

書く対象は、第１学年では「日常生活にかかわることなどについて」、第２・第３学年では「社会生活にかかわることなどについて」と示されている。まず自分を取り巻くことに目を向け、その上で社会へと視野を広げていくのである。

書く能力については、第１学年では「構成を考えて的確に書く能力」、第２学年では「構成を工夫して分かりやすく書く能力」、第３学年では「論理の展開を工夫して書く能力」を身につけさせることとなっている。文章の構成を考える力が重視されており、学年ごとの積み重ねが明確に示されている。

書く態度については、第１学年が「進んで文章を書いて考えをまとめようとする態度」、第２学年が「文章を書いて考えを広げようとする態度」、第３学年が「文章を書いて考えを深めようとする態度」を育てるよう示され、書くことと考えることのつながりが見える。

これらのことから、第１学年で基本となる力をつけ、学年が進むと共にそれを積み重ねて発展させていくことがわかる。指導者としても、一つひとつの書く活動が互いにつながりをもって発展していくよう、授業を組み立てていかなければならない。また、生徒の見方や考え方が広まるような

題材や課題を考えることも大切になってくる。

　さらに、書く対象と態度については、「話すこと・聞くこと」の目標と共通する。課題や題材を考えるとき、「話す・聞く」学習が適しているか、「書く」学習が適しているかを考えたい。課題によっては、両者を組み合わせた活動を組むこともできるであろう。

（２）「書くこと」の指導事項

　(1)で述べた目標を達成するために、学習指導要領では、「書くことの能力を育成するために、次の事項について指導する」として、学年ごとに、「課題設定や取材」「構成」「記述」「推敲」「交流」について指導事項が具体的に示されている（以下「指導事項」とする）。これにより、３年間の学習の積み重ねを具体的につかむことができる。また、教科書における「書くこと」の単元の意図するところも見えてくる。

　先の五つの項目のうち、書く力の積み重ねが明確にわかるのは、構成と記述に関する指導事項であろう。まず、構成については、次のように示されている。

　　第１学年：イ　集めた材料を分類するなどして整理するとともに、段落の役割を考えて文章を構成すること。
　　第２学年：イ　自分の立場及び伝えたい事実や事柄を明確にして、文章の構成を工夫すること。
　　第３学年：ア　文章の形態を選択して適切な構成を工夫すること。

　第１学年で段落意識をもたせ、第２・第３学年では、段落を全体の中でどう位置付けるかなど、構成の工夫をするのである。

　また、自分の考えや意見をわかりやすく伝えたり、読み手を説得したりするためには、考えや意見の根拠を示すことが必要である。それについては、記述に関する指導事項に、次のように示されている。

第1学年：ウ　伝えたい事実や事柄について、自分の考えや気持ちを根拠を明確にして書くこと。
第2学年：ウ　事実や事柄、意見や心情が相手に効果的に伝わるように、説明や具体例を加えたり、描写を工夫したりして書くこと。
第3学年：イ　論理の展開を工夫し、資料を適切に引用するなどして、説得力のある文章を書くこと。

　第1学年で根拠を明確にすることを学習し、その上で、その根拠の説明の仕方や、提示する順番などを工夫することで、説得力のある書き方ができるような力をつけていくのである。
　この二つの指導事項からもわかるように、3年間の積み重ねにより、相手にわかりやすい文章の書き方を学ぶと共に、書くことで考えを深める姿勢を培っていくのである。

第3節　意見文を書く授業の実際

　この節では、意見文を書く授業の展開例を示していく。意見文を書く活動を取り上げたのは、「指導事項」に示された内容を授業でどう取り上げるかがわかりやすいからである。
　この節では、第1学年での基礎的な力をつける活動を中心に、第2学年、第3学年での発展のさせ方についても触れていく。また、先の「第1節　書くことの授業の意義と指導者の姿勢」とも関連させながら述べていきたい。

1. 指導者の準備

　意見文を書かせる場合、まず、何を題材にするかを考えなければならない。第1節の「3.自分を取り巻く世界に関心をもつ」でも述べたが、書

く学習をすることが、身のまわりや社会に関心をもたせるきっかけになるようにしたい。また、学年が進むと、資料を集めてそれをもとに書く活動を設定する。一定の期間にどれだけの資料が集められるか、あるいは、生徒が個々に課題を設定したとき、指導者としてどのように対応できるかも考える必要がある。

教科書に示された教材で授業を進めるのもよい。しかし、生徒の実態に合わせて題材を考えることも大切なことである。日ごろから、意見文の題材を探しておく、あるいは、新聞の記事など活用できそうな資料を集めておくといったことが必要であろう。指導者自身が十分な準備をすることで、生徒にも得るものが多い学習となるのである。

2．生徒の準備

教科書に沿って学習を進めていくとき、小説教材の次に「書くこと」の単元があるとする。小説の学習が終わり、次のページを開いて「さあ、これから書く学習をします」と言うのでは、何より大切な、「書こう」「書きたい」という気持ちになるまでの期間が短い。書きたい気持ちになるまでには、充分な準備期間が必要なのである。書く題材にもよるが、準備期間は、３週間から１カ月はほしい。その間に、生徒は各自の課題設定をしたり、あるいは提示された課題について材料集めや取材をしたりするのである。

先の例の場合、一つ前の教材である小説の学習に入る前に、「これから小説の学習をしますが、それが終わったら書く学習をします。テーマは、○○です。これから３週間、材料集めをしましょう」といった形で、学習の見通しと課題を示しておく。そして、その課題への取り組みの状況を、小説教材を学習している期間の途中で確認する。小説教材が終わり書く学習に入ったときには、書くための題材や材料集めなどの準備ができているようにする。これは、同時に、生徒の気持ちの準備ができていることにもなる。

3. 授業の展開例

(1) 題材（材料）を探す

　第1学年では、「指導事項」に、「ア　日常生活の中から課題を決め、材料を集めながら自分の考えをまとめること」と示されている。したがって、身近なところから問題を発見し、自分の意見をまとめていく学習を設定することになる。読み手は、クラスの友だちとする場合が多いだろう。自分の発見した問題について、クラスのみんなはどう思うかを問う意見文を書く学習である。

単 元 名	みんなも考えてみませんか
学習内容	自分の身のまわりで気になることについて、自分の意見を友だちに伝える。
学習目標	主張とその根拠を明確にして書くことができる。

　書く題材を集めるために、図1（次頁）のようなワークシートを用意する。集める期間は3週間とする。

　生徒は、題材を探すために、これまで注意を向けていなかった日常生活のあれこれに目を向けるようになる。それは、駅前の駐輪場の問題であったり、ゴミの問題であったり、節電と地球温暖化の問題であったりと、いろいろな方面に広がっていく。ワークシート例ではそれを「気になる」「共感」「反発」「疑問」と分けて記入するようにしたが、それは、自分がその問題をどうとらえるかまで考えさせるためである。また、同じことを取り上げても、人によってとらえ方が異なることを発見させるためでもある。

　題材集めの期間の途中でワークシートを回収し、進行状況を確認したい。また、授業の中で、ワークシートを交換して読んだり、あるいは、一人一つずつ発表させる時間を設けることもよい。これにより、新しい視点を知

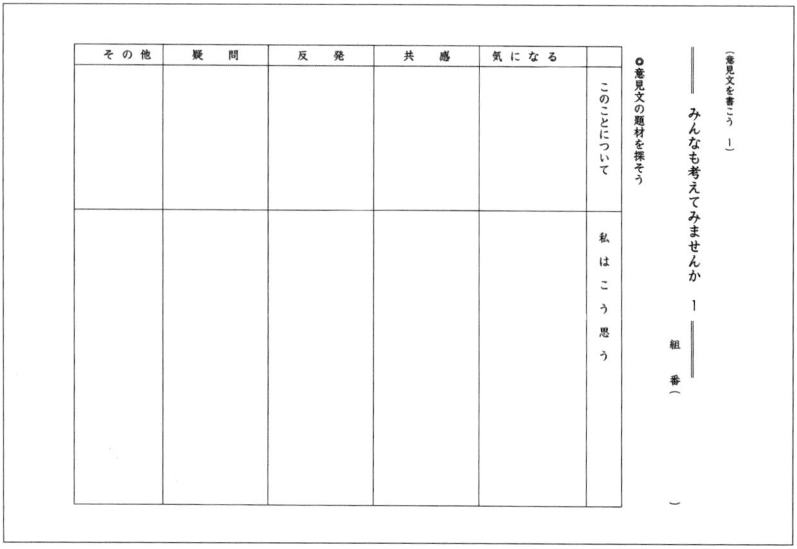

図1　題材集めのワークシート例

ることができる生徒もいるであろうし、題材を探すことができない生徒にとっては、ヒントにもなるだろう。第1節の「4.互いに学び合う」がこれである。

　題材が集まったら、その中から一つを選ぶ。読み手に考えてもらう価値のあるものを選ばせたい。

（2）主張を一文で書く

　題材集めや資料集めができたところで、構成や記述の学習に入る。
　まず、主張を明確にさせる。そのためには、主張を一文で書かせてみるとよい。(1)で述べた第1学年の例であれば、「駅前に自転車置き場は必要ない」「図書室の本の貸出期間を延ばすべきである」のように、短い文でまとめさせるのである。生徒によっては、題材と主張の区別がつかず、「駅前の自転車置き場についての疑問」などとなってしまうこともある。「これについてあなた自身はどう思っていますか」「この問題について、みんなに何をわかってほしいですか」など、生徒と個別にやり取りをすること

で、自分の考えを明確なものにさせたい。

（3）根拠を考える

　主張が明確になったら、次にその主張を支えるための根拠を考えさせる。「指導事項」の第１学年には「ウ　伝えたい事実や事柄について、自分の気持ちや考えを根拠を明確にして書くこと」と示されている。第３学年に示された「イ　説得力のある文章を書くこと」の基本となる学習である。根拠は複数考えさせる。三つ考えることができるとよいが、第１学年では二つ、学年が進むにしたがって三つにするという方法もある。また、第２・第３学年では、予想される反論と、それに対する対応も考えさせたい。

　時間の余裕があれば、生徒同士でワークシートに書かれた主張と根拠を読み合う時間をつくるのもよい。これも第１節の「4．互いに学び合う」の場である。根拠になっていないという意見が出る場合もあるだろう。また、同じ主張でも根拠が異なることを発見するかもしれない。さらに、反対意

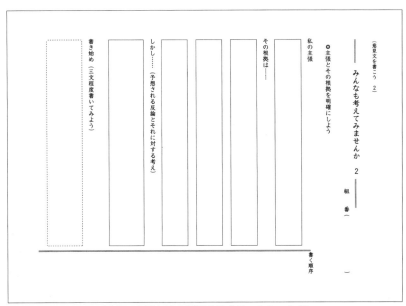

図２　主張とその根拠を書くワークシート例

見を聞くことが、予想される反論を考えることに生きてくる場合もある。

　この学び合いが、読み手にわかってもらうためには何を書けばよいかを考える機会になるようにしたい。

（4）構成を考える

　主張とそれを支える根拠の準備ができたら、構成を考えさせる。第1学年の「指導事項」に、「イ　段落の役割を考えて文章を構成すること」と示されている。主張と根拠、予想される反論と対応のそれぞれを1段落ずつとし、それらをどういう順序に並べるかと考えさせると構成がわかりやすい。先のワークシートを利用し、主張と根拠のそれぞれに書く順番を記入させる。全体の構成がわかるよう、新たなワークシートを用意するのもよい。

　主張については、初めに置くか、最後に置くか、あるいは、両方に置くかなど、自分の意見がよく伝わる構成を考えさせたい。また、複数ある根拠をどういう順序で書くかを考えさせることも大切である。どの根拠が最も説得力があるか、また、どの順序で書くと書きやすいかなどを考えさせるのである。

　さらに、文章の冒頭の部分を3文程度書かせてみるのもよい。構成は決まったものの、いざ書き始めようとすると書き出せないという生徒への対策である。ここまでできていると、原稿用紙を前に書き出しで困るということもない。

　この冒頭部分についても、第2・第3学年では、2種類考えさせてみるのも面白い。問題提起から始めるか、問題に気付いたきっかけから始めるかなどあれこれ考え、どちらが書きやすいかを選択することは、その先に続く文章の展望にもつながるのである。

（5）推敲する

　自分の書いた文章を推敲するというのは、生徒にとって難しいことである。表記上の誤りも気がつかないことが多い。1年生の場合、文法上の誤

りや段落相互のつながりがわかりにくいといったところまで推敲するのは、なかなか難しい。書き上がった作文を指導者が添削する方法もあるが、これでは、訂正されたものを読むことで終わってしまう。自分で推敲できる力をつけていくことが必要なのである。

そのためには、指導者が、推敲すべきところを指摘するとよい。誤字、文法的な誤り（文のねじれ、語句の用法など）、段落相互のつながりの不適切なところなどに、印やコメントを書いていくのである。すべてを指摘しなくてもよい。指摘されたことと同じようなところが他にないか、生徒自身で見つけさせる。それが次に文章を書くときの留意点にもなるのである。

生徒は指摘をもとに推敲し、作文を書き直す。それで完成である。第3学年の推敲に関する「指導事項」である「ウ　書いた文章を読み返し、文章全体を整える」力がつくよう、第1学年から見通しをもって指導したい。

（6）評価する

①生徒による相互評価

交流に関する「指導事項」に示されたように、書いた作文を読み合う交流の場を設けたい。それは、互いに学び合う場であると共に、新たな発見の場でもある。自分の意見が友だちにどう受けとめられるか、友だちはどんなところに関心があるのかといった、内容に関することだけでなく、書き方そのものについて学ぶことも多いだろう。また、書き手自身についても、新しい発見があるかもしれない。

方法としては、小さなコメント用紙を用意し、よい点やもっとこうした方がよいという点を書かせ、作文を書いた人に渡す。生徒は、集まった用紙をノートに貼る。また、作文を書いた原稿用紙の余白の部分に、読んだ人が順に短いコメントを書いていく方法もよい。

②指導者による評価

評価は、作文の目標に合わせて行う。例えば、文章の構成を工夫することが目標だとしたら、3段階（A・B・C）で、工夫がされていればB、

それが効果的であればA、不十分であればCという具合に評価する。評価の観点以外の優れたところや、全体を通しての感想も添えたい。

コメントは、一人ひとりへの言葉かけである。時間のかかる作業であるが心を込めて行い、あまり時間を置かずに生徒にフィードバックするようにしたい。

第4節　行事に関連して書く授業の実際

1．描写を工夫して書く

行事を題材に書く活動をさせることがある。例えば、運動会を題材に文章をまとめるときには、どのような目標を設定すればよいだろうか。

第2学年の「指導事項」には「ウ　事実や事柄、意見や心情が相手に効果的に伝わるように、説明や具体例を加えたり、描写を工夫したりして書くこと」と示されている。ある一つの競技に絞って書くこととし、出だしは「いよいよ僕の（私の）番です」と指定する。文末が現在形であることにより、今目の前で起こっているかのように書く必要が出てくる。会話を入れる、文末表現を工夫する、文の長さに変化をもたせる、などの指示をする。これにより、自ずと描写の工夫をするようになる。

2．題材を工夫する

修学旅行や職場体験を題材に作文を書かせることもある。国語という立場から、「心に残った言葉」というテーマで書かせてみるのもよい。思い出は、出来事だけではない。言葉が深く心に残ることがある。その言葉を書くことは、人との出会いを書くことにもなるのである。

おわりに

　書くことの学習は、生徒に書く力をつけることはもちろんであるが、設定した課題に生徒がどのように取り組み、どのような作品ができあがるか、指導者自身が楽しみにできる。書く学習を通して、生徒も指導者も共に得るものの多い授業になるよう、指導者自身が日ごろからたくさんの蓄えをしていくよう心がけていきたい。

参考文献

石川直美「意見文を書く手順を身に付ける」大熊徹編著『中学校国語科「活用型」学習の授業モデル』明治図書出版、2009年、pp. 72〜80

石川直美「『書ける』『書きたくなる』活動を考える」日本国語教育学会編『月刊国語教育研究』No314、1998年6月号、pp. 16〜21

第10章 中学校 伝統的な言語文化と国語の特質の教育と授業

はじめに

2008（平成20）年版学習指導要領からは、それまでの「言語事項」が、「伝統的な言語文化と国語の特質に関する事項」に改められている。その趣旨について、指導要領解説には下記のように記されている［文部科学省2008］。

> 我が国の歴史の中で創造され、継承されてきた伝統的な言語文化に親しみ、継承・発展させる態度を育てることや、国語の果たす役割や特質についてまとまった知識を身に付けさせ、言語感覚を豊かにし、実際の言語活動において有機的に働くような能力を育てることに重点を置いて構成している。

表面的にみると、それまでとは違い新しい内容が加わっている印象があるが、その実態としては「伝統的な言語文化」に関しては、これまで「読む」領域の配慮事項に示されていた古典の指導を取り出した形であり、こ

れまでの古典指導を継承していることがわかる。また、「国語の特質」に関しても、若干の変更が見られるものの、その多くはこれまでの「言語事項」の内容を引き継いでいるのである。

そこで、従前からの継承という面を重視し、「伝統的な言語文化」と「国語の特質」にそれぞれ分けて、その教育と授業についてみていくことにする。そして最後に、これらの二つが「と」という言葉で一つにまとめられている意味について言及しておく。

第1節 「伝統的な言語文化」の教育

「伝統的な言語文化」の教育は、従来の古典教育を継承している。ただし、指導要領における位置付けが変わった背景についておさえておく必要はある。その上で従来の古典教育からいかに「伝統的な言語文化」の教育へとシフトしていくべきかをみていきたい。

位置付けが変わった背景について、冨山［2011］は2点指摘している。一つは、2006（平成18）年の教育基本法改正である。その第二条第五項に「伝統と文化を尊重し、それらをはぐくんできた我が国と郷土を愛するとともに（以下略）」という記述がある。これを基にして学校教育法をはじめとした各法規も改正されて学習指導要領の改訂につながったのである。

そして、もう一つは高校生の「古典嫌い」という課題である。それは2005（平成17）年に国立教育政策研究所が実施した教育課程実施状況調査の結果に表れている。「古文・漢文が好きか」という質問に対して、否定的な回答が古文・漢文共に70％を超えたのである。さらに、「普段の生活や社会生活の中で役に立つと思った」という回答は、14.5％にとどまっている。これらの「古典嫌い」「古典は役に立たない」という高校生の意識をつくっている原因が、中学段階までの古典教育にもあるということなのである。

では、なぜ「古典嫌い」をつくってしまうのであろうか。岩崎［2011］は

次のような要因を挙げている。
- 日常生活において文語的な表現に接する機会が減少し、言語抵抗が大きいと感じる学習者が多い。
- 一方注入式の授業になりがちで、学習者の興味・関心を喚起することについては手薄となっている。
- 詳細な解説を加えることが良い授業であるという考え方が指導者の側に根強い。
- どの教材でも同じように指導することが多く、授業が単調である。
- 原文を読むことを至上とし、たとえ少量であっても、原文にさえ触れさせればそれでよしとする考え方が教師の側に根強い。

　これらの要因のうち一番目を除けば、後はすべて指導者である教師の側に問題があることがわかる。したがって、これらを改善しなければ表面的に「古典教育」を「伝統的な言語文化の教育」と入れ替えても、事態が良い方向に進むはずはない。

　そこで、次に指導要領ではこれらの背景を踏まえてどのように「伝統的な言語文化」の教育をとらえているのかをみていく。内容は**表1**のように㈠と㈡に分けて示されている。

　これらのうち、㈠は、小学校第3・4学年の指導内容から一貫して示されている。特に中学校においては、「触れること」から「楽しむこと」そして「親しむこと」というように、古典との距離を段階的に身近なものに

表1　学習指導要領における「伝統的な言語文化」の記述

	第1学年	第2学年	第3学年
㈠	文語のきまりや訓読の仕方を知り、古文や漢文を音読して、古典特有のリズムを味わいながら、古典の世界に触れること。	作品の特徴を生かして朗読するなどして、古典の世界を楽しむこと。	歴史的背景などに注意して古典を読み、その世界に親しむこと。
㈡	古典には様々な種類の作品があることを知ること。	古典に表れたものの見方や考え方に触れ、登場人物や作者の思いなどを想像すること。	古典の一節を引用するなどして、古典に関する簡単な文章を書くこと。

できるような配慮が求められていることがわかる。

この配置について冨山〔2011〕は、「古典の楽しみ方を指導するポイントと対応している」として、次の七つの視点を取り上げている。

・現在と異なる言葉のきまり等を知る。〔第一学年(ア)〕
・古典特有のリズム等を味わって音読する。〔第一学年(ア)〕
・古典のジャンルについて知る。〔第一学年(イ)〕
・表現の特徴などに注意して朗読する。〔第二学年(ア)〕
・昔の人のものの見方や考え方を知る。〔第二学年(イ)〕
・歴史的背景と結びつけて読む。〔第三学年(ア)〕
・古典を現在の言語生活に生かす。〔第三学年(イ)〕

さらに、これらの指導の背後に、上述した小学校段階の「伝統的な言語文化」に関する学習との連携が必要となる（第5章参照）。上記いずれの項目も、小学校段階において平易なものではあるが扱っているからである。そこで小学校段階での学習との重複を極力避けて、より発展的に興味・関心を喚起し、学習者の日常生活との結びつきを深められるようにすることが求められるのである。つまり、中学校段階における「伝統的な言語文化」の教育の目指すものは、「古典の世界に親しみ、日常生活とのつながりをもつ」ことだといえよう。

第2節　「伝統的な言語文化」の授業

本節では、実際にどのように伝統的な言語文化の授業を組み立てるかについて、三つの視点から実践をいくつか紹介していく。

1．声に出して楽しむ（素読・音読から朗読・群読への発展）

古典特有のリズム等を味わわせるために、何度も何度も音読を繰り返し、暗誦させることを目的とする実践も多い。しかし、そのこと自体が目的化

してしまい、「楽しむ」要素が影をひそめてしまっては意味がない。これを解消させるために群読という手法を用いて、内容を理解しつつ役割をもって声に出す活動を取り入れることができる。特に「語り物」としての『平家物語』が教材としては最も適していることは高橋［1990］が既に理論的にも実践的にも証明している。

2．昔の人のものの見方について考える（複眼的な視点の導入）

一つの作品から作者のものの見方を学ぶことも可能ではあるが、時代を超えて日本人が身の回りの物事に対してどのような見方をするのかを読み取るためには、複数の作品を取り上げて比較させる学習が有効であろう。岩崎［2011］などに『枕草子』を中心とした『伊勢物語』『徒然草』との比較学習が紹介されているし、日髙辰人は中国の漢詩から正岡子規や夏目漱石のつくった漢詩を題材として複眼的な見方を学ぶ実践を報告している［岩崎編集協力 2011］。

3．創作を楽しむ（学習者の視点からのリライト活動の導入）

リライトや創作といえば、『枕草子』などでよく行われている。ここでは、鷲津真理子の『今昔物語集』からの「立兵見我影成怖語」を扱った実践［岩崎編集協力 2011］を取り上げる。作品の語りの構造の理解から、登場人物の一人である妻の最後の一言「をかし」を現代風にどう表現するかなど、学習者の生活実感との距離を意識した実践として注目できる。

以上、紙幅の関係で紹介程度しかできなかったが、教科書教材を基本としながらも、そこにいかに工夫を加えていくかが、伝統的な言語文化の教育が目指すものの実現に影響しているのである。

第3節 「国語の特質」の教育

　「国語の特質」についても、これまでの「言語事項」を継承したものとなっており、具体的には四つの事項に細分化されている。表2は、4事項とそれに関連する分野を対照させたものである。

　なお、上記の項目に加えて、「漢字に関する事項」と「書写に関する事項」が位置づけられている。この二つは、文字・表記に関わるものでもあり、特に漢字については、言葉遣い、語句・語彙、表現の技法とも密接に関わる。指導要領でも「文や文章の中で使い慣れること（第3学年）」とあるように「社会生活や他教科等の学習に一層資するように」という意図が込められている。

　以上を踏まえて、現在の「国語の特質」における取り扱い事項を大きく二つの観点からとらえてみたい。一つは、表2の上の2項目で、言葉そのものに対する学習ととらえることができる。つまりメタ言語としての学習である。指導要領解説でも「自らの日常の言語活動を振り返り、そこに言葉のきまりを見いだして、国語の特質に気付く」「日常の言語活動を対象化し、そこに法則があることを自覚する力としての言語を操作する能力」というように述べている。そしてもう一つは、表2の下の2項目で、言語活動の中で活用されることを意図した学習といえる。もちろん「単語、文及び文章に関する事項」の中には前者に含まれる要素もあり、必ずしもこ

表2　学習指導要領における「国語の特質」の分類

項目	1年	2年	3年	関連分野
言葉の働きや特徴、言葉遣いに関する事項	(ア)	(ア)	(ア)	音声・方言・位相・待遇表現（語用論）
語句・語彙に関する事項	(イ)(ウ)	(イ)	(イ)	語句・語彙（語彙論）、言語感覚
単語、文及び文章に関する事項	(エ)	(ウ)(エ)(オ)		文法（語〈品詞〉論・文論・文章論）
表現の技法に関する事項	(オ)			表現論（語用論・レトリック）

れらの項目すべてがどちらかに厳密に分類されるとはいいきれないが、基本的には語や文に関する事項は、実際の言語活動の中でとらえることで初めて有機的な意味をなすものである。それゆえ、前者のメタ言語としての学習を、後者の具体的な言語活動で活用することをもって初めて意味のある学習が成立するのである。

次に取扱いについてみておきたい。指導要領解説の取扱いの項目をみると、各領域の指導を通して、それぞれの事項について指導することとなっている。これは解説にもあるように「単に知識として学習されるだけではなく、実際の言語活動の中で活用され、生きて働く力として身に付くことが求められている」からなのである。

その一方で、指導要領に「知識をまとめて指導したり、繰り返して指導したりすることが必要なものについては、特にそれだけを取り上げて学習させることにも配慮すること」とあるように、指導項目の取り立て学習を認めてもいる。言語の法則性に気付くということは、言語としての体系性に気付くということでもある。その理解を前提とした活用ができるようになるために、まとまった知識を提示するのである。

これらの取扱いの記述からもわかるように、「国語の特質」の教育は、基本的には言語活動を通しての機能的な学習に力点が置かれ、一部体系的な知識を学ぶ取り立てによる体系的学習を取り入れるという複線型の扱いをするとされている。これらは教科書において、前者は各単元の学習の手引き等で、後者はコラム欄や巻末にまとめられた箇所等で具体化されることとなる。文法事項や漢字等は、場合によっては副読本やドリルを用いて学習することもある。

第4節 「国語の特質」の授業

本節では、実際にどのように国語の特質の授業を組み立てるかについて三つの視点から実践をいくつか紹介していく。

1. 取り立てとしての授業（体系的な取扱い）

　語彙に関する授業実践として、鈴木［2008］を紹介する。これは単元名「言葉の力を育成するための国語力向上に向けて——シソーラスを使った語彙拡充単元」というもので、学習者自身が書いた文章について、違う言葉に置き換えられるかどうかを検討し、それぞれの言葉のニュアンスを考えた上で、実際の本の中でどのように使われているかを探し自分たちの使用状況と比較する、という実践である。書く活動とも関わりながら自らの使用している語彙をメタ的に確認し、他の語に置き換えたり一般的な使用状況を確かめたりすることで語彙を増やしていくことを目指している。理解語彙を増やすだけではなく、指導要領が目指す実際の言語活動の中で活用される使用語彙へと転換させていく上でも有効な実践といえる。

2. 各領域の学習活動を通しての有機的な授業（機能的な取扱い）

　各領域による言語活動において機能的に学習させる方法として、文章論的手法を用いた語句の連鎖を手がかりにした井上尚美ら［2012］における作田昌史の実践を紹介する。これは文学的文章の読みにおいて、逆接の言葉の連続・連鎖に着目するというものである。同一または類似する表現が文章中に連続して出現（連鎖）することに着目させるという着想であるが、この基になっているのが永野賢の文法論的文章論による連鎖論という考え方である。この実践では、逆接の言葉の繰り返しから人物の揺れ動く心情をつかみ、最終的な主人公の決断へと至るプロセスを読み取るために言葉に着目しているのである。これは内容と内容とを関係付ける機能語への着目でもあり、同類の表現を探しながら読み進めるという意味では語彙の学習とも関わりが深い。

　この他にも、文末表現の連鎖の変化に着目させる実践や、主語の表し方の違いに着目させる実践など文法事項を単に一つの文のレベルにとどめない、生きた文章の中でとらえていく学習がまさに言葉を有機的に働かせる

授業となるのである。

3. 帯単元としての継続的授業（1と2が融合された取扱い）

「国語の特質」の扱いは機能的扱いと体系的扱いのバランスが重要であるが、こと文法学習については、基本概念の理解が深まることで自らの言葉の分析をより精緻なものにしていくことも可能となる。したがって、気付きを促進させるための「ものさし」としての基礎知識を継続的に学びつつ、かつそれを各活動の中で適宜取り上げながら深めていくという1.と2.とをつなぐ学習が有効となる。そこでここでは年間を通しての帯単元の授業を構想した宮腰ら［2001］を紹介する。中学校1年のクラスを対象に週1時間「文法を考える」という連続した単元を設定し、継続的に文法を学ぶプログラムを試行したものである。実際には、毎時間の5～10分を使って文法に関する繰り返しの学習を行い、それを普段の授業の中でも常に往還させて基本事項の定着を図っていくことが可能であろう。

おわりに

「はじめに」で述べたように、現在の指導要領においては「伝統的な言語文化と国語の特質に関する事項」と、二つの内容が「と」で一つにまとめられている意味について触れておきたい。

「伝統的な言語文化」は、いくつかの背景のもと、古典教育を重視すべく「読む」領域から独立させて、従来の「言語事項」であった「国語の特質」と同居させたという見方もできる。しかし、「言語事項」を「国語の特質」と改めた理由を考えてみると、「国語の特質」というのは何も現代の言葉に限定されたものではないことに気付かされる。「伝統的な言語文化」の中にも「国語」としての特質が含まれており、それが伝統として現代に引き継がれていることが「と」でまとめられている意味といえるのではないか。その意味で、現代とのつながりを視野に入れた、（語彙・文法を

含め）言葉に着目する実践を通して、この事項がまさに一つのまとまりとして位置づけられている意味を具体化することになるのである。

引用・参考文献

井上尚美、大内善一、中村敦雄、山室和也編『論理的思考力を鍛える国語科授業方略 中学校編』溪水社、2012年

岩崎淳『古典に親しむ（岩崎淳国語教育論集 Ⅱ）』明治図書出版、2010年

岩崎淳「古文・漢文を中心とした学習指導のあり方」［岩崎編集協力2011］pp. 20〜30

岩崎淳編集協力（花田修一監修）『古文・漢文を中心とした学習指導事例集（伝統的な言語文化の学習指導事例集 3）』明治図書出版、2011年

鈴木一史「国語教育における『語彙』指導」『日本語学』27(10)、2008年、pp. 16〜24

高橋俊三『群読の授業——子どもたちと教室を活性化させる（授業への挑戦67）』明治図書出版、1990年

冨山哲也「古典にいっそう親しませるために——古典の楽しみ方を指導する中学校国語の授業」『日本語学』30(4)（特集 文法を教えない古典の指導）、2011年、pp. 4〜12

永野賢『文章論総説——文法論的考察』朝倉書店、1986年

宮腰賢、石川直美、愛甲修子、工藤哲夫、富澤敏彦「中学校国語科における体系的文法学習のカリキュラム開発プロジェクト報告」『東京学芸大学附属学校研究紀要』第28集、2001年、pp. 164〜208

文部科学省「中学校学習指導要領解説 国語編」2008年
　▶http://www.mext.go.jp/component/a_menu/education/micro_detail/__icsFiles/afieldfile/2014/04/15/1234912_2_1.pdf（2015年11月1日アクセス）

第3部

「今」の時代と国語科の授業

第 11 章

読書指導と学校図書館活用

はじめに

　読書は、子どもの「心の扉」「知の扉」を開く。「本って楽しいなあ」「本を読むと、いろいろなことがわかるね」を体験させることの重要性は大方の理解を得ている。教室での読書活動もそうした読書生活そのものを豊かにするきっかけであるべきであるというのである。これは切実な教師の願いである。国語教室でも多くの読書指導の実践が報告され、読書の量的な拡大、質的な変化の報告がなされている。子どもの読書生活をより豊かなものにしていく実践の積み重ねが実現している。同時にそれを継続するカリキュラム・マネージメントが求められている。

第1節 読書と生活

1. 読書行為

　読書といっても多様である。どんな本をどのように読むか、どのように受けとめるのか、さまざまである。しかし、大きな分類を試みると次のような要素を取り出すことができる。当然、この四つの要素は、読書行為にはもともと併存している。どの要素に重点があり、焦点化した行為になるかの違いとなってくる。特に「①娯楽のための読書」は他の要素のように目的的ではないが、読書行為の根源的な基盤といえる。

　また、このような分類を活用して読書指導における「読書を広げる」①→③又は②→④、「読書を深める」①→②又は③→④という系統で考えてカリキュラムを構想することができる。

表1　読書活動の分類

	楽しむ読書	調べる読書
軽い読書	①娯楽のための読書 本を読んで面白いを味わう。	③情報を得るための読書 未知の世界を知る。もっと知りたいを満足させる。
重い読書	②人生を学ぶための読書 深く人間を追究する。読むことで深く考える。	④調査研究のための読書 ものごとの真理を追究する研究的な作業をする。

出所：[図書館教育研究会 1997] をもとに作成

2. 読書活動の推進

　「読書」が、学力の問題としてPISA調査（2000年度）の結果をきっかけに表立って意識されるようになった。特に、学力や国語力と読書活動の関連性に注目することから国家レベルでの読書振興策として整備されるようになっていった。2001（平成13）年には「子どもの読書活動の推進に関す

る法律」が公布・施行された。2004（平成16年）の文化審議会答申では「これからの時代に求められる国語力」として「読書力」という言葉が強調されている。さらに2005（平成17）年には「文字・活字文化振興法」が公布・施行された。2008（平成20）年、年齢や性別、職業に関係なく活字離れ、読書離れが進んでいるとの判断から、2010（平成22）年を「国民読書年」に国会決議として制定した。また読書調査等において、読書と教科学習の学力との関連が指摘されると、ますます読書指導の重要性が強調され、読書活動が学力を向上させる鍵であるという認識が広まった。

第2節　読書指導のねらいと方法

　読書は、人間形成の役割を担っている。人は、読書によって経験を拡大する。読書によって未知の世界を学ぶことができる。読書によって思考を掘り下げることができる。読書生活を豊かにすることは豊かな人生をもたらす。読書には、人間性を充実させ成長させる働きがある。読書指導とは、人間形成に働きかける教育活動といえる。そして、意図的・計画的な指導計画に従って、読書活動を通して人間性を育むことが読書指導のねらいとなる。

1．学校教育と読書指導

　「読書」は国語力の向上を図るという観点から、学習指導要領はじめ学校教育の中での重要性が示されるようになった。2008（平成20）年版、2009（平成21）年版の学習指導要領の「総則」には、「教育内容の改善事項」に「学校図書館を計画的に利用しその機能の活用を図り、児童の主体的、意欲的な学習活動や読書活動を充実すること」とある。学校図書館が学習センター化し、すべての学習活動の中核にという発想が求められることになった。

2. 国語科における「読書指導」

　国語科における「読書指導」についても『学習指導要領解説（国語編）』の「改訂の要点」には次のように示してある。
　「読書の指導については、読書に親しみ、ものの見方、感じ方、考え方を広げたり深めたりするため、読書活動を内容に位置付ける。教材については、我が国において継承されてきた言語文化に親しむことができるよう、長く読まれている古典や近代以降の作品などを、子どもたちの発達の段階に応じて取り上げるようにする」。
　国語科が目指す、言語生活の充実を「読書」としての側面からとらえている。そして、読書活動を通して国語力の育成を図る関係が示されている。国語科の指導が、言語に関する知識や理解、読み方や書き方、話し方聞き方の習得に終わるのではなく、読書に親しむ態度やものの見方考え方、感じ方を広げたり深めたりすることが、そのねらいとなっている。

2. 「読むこと」と「読書」

　国語科では、「読むこと」領域として、「読書」を含み、豊かな読書生活を営む読書人の育成という方向性を明らかにしている。従来の「読解」（狭義の）ではなく「読解・読書」つまり「読むこと」の学習の指導になっている。指導事項は、基礎的・基本的な「読み方」から「読書」のあり方を示す構成になっている。言語活動例は、どれも「読書活動」の形をとっている。「よむこと」は読書生活における学習活動を通して「読むこと」の学習を行っていることになる。指導事項と言語活動例を校種別・学年別一覧は次の通りである。

(1)「C 読むこと」領域における「読書」に関わる指導事項

校種・学年	目標	指導事項
小学校 1・2年	楽しんで読書しようとする態度	カ 楽しんだり知識を得たりするために、本や文章を選んで読むこと。
小学校 3・4年	幅広く読書しようとする態度	カ 目的に応じて、いろいろな本や文章を選んで読むこと。
小学校 5・6年	読書を通して考えを広げたり深めたりしようとする態度	カ 目的に応じて、複数の本や文章などを選んで読むこと。
中学校 1年	読書を通してものの見方や考え方を広げようとする態度	カ 本や文章などから必要な情報を集めるための方法を身につけ、目的に応じて必要な情報を読み取ること。
中学校 2年	広い範囲から情報を集め効果的に活用する能力を身につけさせるとともに、読書を生活に役立てようとする態度	オ 多様な方法で選んだ本や文章などから適切な情報を得て、自分の考えをまとめること。
中学校 3年	読書を通して自己を向上させようとする態度	オ 目的に応じて本や文章を読み、知識を広げたり、自分の考えを深めたりすること。
高校 国語総合	(言語文化に対する関心を深め、国語を尊重してその向上を図る態度)	オ 幅広く本や文章を読み、情報を得て用いたり、ものの見方、感じ方、考え方を豊かにしたりすること。

(2) 言語活動例と「読書」

　言語活動の充実は国語科の授業を変えた。「読むこと」の指導は、ある読み方を習得することで読むこと全体に広げていくものであったが、「読むこと」という言語活動を通じて、「読み方」を修得するようになった。言語生活の中にある言語活動を通して、言語という側面である「読み方」や言語についての知識、言語文化についての理解を深めることになったのである。

　学習指導要領の学習の内容に示された「指導事項」に対して、「言語活動例」は「読むこと」は読むことの言語生活、つまり読書生活の中にある言語活動そのものである。つまり、教科書などの教材を指導事項について指導した上で、言語活動を行うのではなく、言語活動を通して指導事項の学習を行うという関係にある。ここでは、「読解(読み解き)」と「読書

（読み味わい）」は連続していて分割するものではない。より深い読み味わいのために、より詳細読み解きが必要になってくるところに学習が生まれているのである。

【言語活動例】

校種・学年	「読むこと」の言語活動例
小学校 1・2年	ア　本や文章を楽しんだり、想像を広げたりしながら読むこと。 イ　物語の読み聞かせを聞いたり、物語を演じたりすること。 ウ　事物の仕組みなどについて説明した本や文章を読むこと。 エ　物語や、科学的なことについて書いた本や文章を読んで、感想を書くこと。 オ　読んだ本について、好きなところを紹介すること。
小学校 3・4年	ア　物語や詩を読み、感想を述べ合うこと。 イ　記録や報告の文章、図鑑や事典などを読んで利用すること。 ウ　記録や報告の文章を読んでまとめたものを読み合うこと。 エ　紹介したい本を取り上げて説明すること。 オ　必要な情報を得るために、読んだ内容に関連した他の本や文章などを読むこと。
小学校 5・6年	ア　伝記を読み、自分の生き方について考えること。 イ　自分の課題を解決するために、意見を述べた文章や解説の文章などを利用すること。 ウ　編集の仕方や記事の書き方に注意して新聞を読むこと。 エ　本を読んで推薦の文章を書くこと。
中学校 1年	ア　様々な種類の文章を音読したり朗読したりすること。 イ　文章と図表との関連を考えながら、説明や記録の文章を読むこと。 ウ　課題に沿って本を読み、必要に応じて引用して紹介すること。
中学校 2年	ア　詩歌や物語などを読み、内容や表現の仕方について感想を交流すること。 イ　説明や評論などの文章を読み、内容や表現の仕方について自分の考えを述べること。 ウ　新聞やインターネット、学校図書館等の施設などを活用して得た情報を比較すること。
中学校 3年	ア　物語や小説などを読んで批評すること。 イ　論説や報道などに盛り込まれた情報を比較して読むこと。 ウ　自分の読書生活を振り返り、本の選び方や読み方について考えること。
高校 国語総合	ア　文章を読んで脚本にしたり、古典を現代の物語に書き換えたりすること。 イ　文字、音声、画像などのメディアによって表現された情報を、課題に応じて読み取り、取捨選択してまとめること。 ウ　現代の社会生活で必要とされている実用的な文章を読んで内容を理解し、自分の考えをもって話し合うこと。 エ　様々な文章を読み比べ、内容や表現の仕方について、感想を述べたり批評する文章を書いたりすること。

学習指導要領に示された「読書」に関する指導事項や「読むこと」の言語活動例をみると、国語科における読書指導の内容や学習活動は多岐にわたる。ではどのようにカリキュラムを編成していくことが必要か。

　読書指導の内容としては、子どもにとって何を読むか（適書）、いつ読むのか（適時）、そしてどのように読むか（読書活動）という観点から考える。また、そうした読書活動を可能にする読書環境の整備も課題である。学校図書館ばかりでなく、学級文庫や地域の公共図書館との連携なども含めて考えることになる。しかし、あくまでも目指すのは自立した生涯にわたる読書人の育成、豊かな読書生活を目指すことのできる「読書力」の育成が読書指導ということになる。それぞれの読書活動を通してどのような読書体験をさせ、読書生活に生かすかが問われることになる。

3. 読書指導の実際

　読書指導として取り上げられるのは、いわゆる「取り立て指導」の形での読書活動を通して、読書に対する興味や関心、さらには読書を進んで使用とする態度を育てることになる。多様な読書活動が考案されて、教室で実践されている。それぞれの学習者の実態や指導者が読ませたい本などを踏まえて、効果的に取り組みたい。

（1）本との出会い

　子どもの経験を広げる本、思索・思考を掘り下げる本、多くの情報をもたらす本、そして読書そのものの楽しみを体験できる本、こうした本との出会いのきっかけはどのようにつくるのか。読書指導として、本と出会うきっかけを子どもたちの状況に応じてつくり出す。

　例えば、教師がきっかけをつくることから初めて、子どもが互いに本を紹介し合う場をつくるということに発展させる。さらに自立した読書人へという段階的にとらえ、向かうべき方向を確かなものにする必要がある。そこで、次のような「本との出会いづくり」の指導が多く実践されている。

推薦図書、図書新聞の作成／読書記録／読み聞かせ／ブックトーク

①本を薦める
「読書生活通信」を通して、教師自身の読書生活を伝えたり、推薦図書についてコメントを付けて紹介したりする。学校や学級の生活に応じて、また子ども一人一人に応じて、読ませたいと思う本を紹介する。「今」を逃さず、教師が願いをもって紹介する。図書館担当と協力して図書室や学級文庫などを整備して「テーマ」を決めて本を並べ替え、子どもが手に取りやすくすることも必要になる。本との出会いの第1歩になる。

②「読書」の記録を残す
「読書記録」「読書ノート」を書かせる。著者、書名、発行年、出版社など簡単なメモ、感想の一言など、それぞれの子どもが記録しやすいようにし長続きをさせる。蓄積を振り返り、自身の読書生活を振り返らせることになる。ページ数を積み重ね、読書を「見える化」することも読書に対する関心が高まる。

③読み聞かせ
幼いころ、眠りにつく前に絵本を読んでもらったり、読んであげたりした経験を思い出してほしい。声に出して読むこと、その声を聞くことは
「読み聞かせ」は、本を読んで聞かせることである。絵本の読み聞かせは紙芝居のような効果がある。低学年ばかりでなく高学年や中学生、高校生にとっても効果があるという。音声を通して想像が広がり、文字を追うのとは違う味わいがある。語り手と聞き手との一体感も演出する朗読や朗読劇風も本との出会いを促すことになる。

④ブックトーク
「ブックトーク」は、あるテーマ（例えば「鬼」）にそって集めた数冊の本を紹介し、聞き手にその本を手にとってもらうことをいう。教室では、

教科学習の導入か、学校図書館の利用指導か、幅広い読書活動の促しか、ねらいをもってテーマを決める。ねらいに応じた選書を行い、トークの準備をする。トークの流れを考え「台本」を作る。さらに「しおり」を準備し、練習する。トークは聞き手の反応を引き出し、興味をわかせることがねらいである。

（2）読みの交流

　読書はもともと個人的な行為である。しかし、教室で読みの交流を通して、より豊かな読書生活を生み出す。読み方の違いや異なるものの見方や考え方、価値観と出会うことにより、同じ本でも繰り返し読み味わうことができる。教室という条件を生かし、読みの多様性と出会い、読書の楽しみを求めることや追究や探求の方法や技術を得ることができる。教室における「読みの交流」の読書活動として、次のような活動がある。
　読書感想文／読書へのアニマシオン／読書会

①読書感想文

　従来、「読書感想文」はコンクール作文として、または読むことの学習の最後に書く感想として書かせることが多い。しかし、読みの交流という観点からいうと、感想文を書いたところから読書活動が始まる。感想文を読み合い、それぞれの本の魅力のとらえ方の違いや共通点を探し、もう一度本を読み返す。感想文の交流が再読を促すのである。

②読書へのアニマシオン

　「読書へのアニマシオン」は、読書で遊ぶという発想で読者である子どもが、「作戦」の基づいた「質問」によって深く考え、本の読み方を身につけていく活動である。指導者は、どのような読み方を学ぶかという「作戦」を決める。人数分の本を用意して、事前にその本を読んでこさせる。例えば、登場人物になりきって読むための「作戦」は「彼を弁護する」。集まった子どもに役割を与え、それぞれの立場から人物を批判したり弁護

したりする。読者役はそれぞれの人物に「質問」をする。人物像を思い描いたりその言動の意味を考えたりする読み方を体験することになる。

③読書会

「読書会」は、読み合いであり、ブッククラブであり、リテラチャー・サークルである。同じ本を、同じ作家の作品群を、同じテーマの作品群を集団で読み合う場である。その内容や表現の仕方、構成の仕方について感想や批評を自由に述べ合う。これは、本の内容理解を深めるだけでなく、参加者相互の人間理解を深めることになる。人間理解を深め、自己を高めることの場になる。

(3) 読書技術・スキル

本との出会いも読みの交流も、前提として「読める」ということができなければならない。「読める」という前提とは何か。
　①読むということにひたることができる。
　②本との対話を通して読み進めることができる。
　③論理的に分析したり総合したりする読み方ができる。
　④読んだことを再構成・再創造して表現できる、又はその楽しさを体験している。
まず、大切なのは、読みひたるときと環境をつくることである。
「朝の10分間読書」などは読みひたる「黙読」の時間である。多くの学校で実践するようになって、不読者は著しく減少した。なぜ、どんなと読み手と書き手との対話が読むことであり、想像力や伝え合う力の育成と関連して読書を身近なものにしてくれる。学習指導要領の指導事項は「読み方」を示している。本に書かれていることがらを分析したり、総合したりして考えることは読むことの基礎になる。また、読んだことをどのように表現するかもいろいろな表現の仕方を学習することで、読書の楽しみばかりでなく、他者理解や自己確認などを通して、人間関係の広がりにもつながる。

当然、国語科として「読むこと」領域の学習を通し基礎・基本を徹底することも大切である。正確に読むこと、目的をもって読むこと、適切に読むことなど、読み方の学習は読書を深めたり広げたりする基礎・基本である。

第3節 読書の実態

読書の場合、「読書離れ」「活字離れ」の憂いの声がつきまとう。大人は必ず若者や子どもを批判する。果たしてそれは本当にそうなのだろうか。数量的、統計的な読書調査ばかりでなく、その内容まで触れた調査研究もあるが、ここでは数量的な変容からみることにする。

1. 子どもの「読書」の実態

全国学校図書館協議会は毎日新聞と協力して毎年「読書調査」を実施している。全国の小・中・高校生を対象とした読書調査で、その年の5月1カ月間にどのくらい本を読んだかという調査である。その結果は、次のような推移を示している（表2・3）。

表2 5月1カ月間の平均読書冊数の推移（冊）

	1990年	1995年	2000年	2005年	2010年	2015年
小学生	7.1	5.4	6.1	7.7	10.0	11.2
中学生	2.1	1.8	2.1	2.9	4.2	4.0
高校生	1.5	1.2	1.3	1.6	1.9	1.5

表3 5月1カ月間の不読者（0冊回答者）(%)

	1990年	1995年	2000年	2005年	2010年	2015年
小学生	10.3	15.5	16.4	5.9	6.2	4.8
中学生	41.9	46.7	43.0	24.6	12.7	13.4
高校生	54.5	61.3	58.8	50.7	44.3	51.9

出所（表2・3とも）：[全国学校図書館協議会 2015]をもとに作成

2000年を境に読書の冊数の増加と不読者の減少が見られる。冊数の増加は小学生が倍増する勢いである。中学生、高校生は微増ではあるが伸びている(**表2**)。不読者については、読書活動の推進のさまざまな試みが始まり、みるみる減少している。特に小・中学生の不読者の減少は著しい(**表3**)。

　また、文化庁が実施した「国語に関する世論調査」によると、「不読者」の割合は子どもや若者より大人の方が高い。対象は16歳以上の大人ということになっている。1カ月に本を読まない(不読者)の割合は調査した2013(平成25)年度では47.5％で、2003年度だと46.1％、1993年度だと37.6％であるというデータを示している。年代別にみると16歳から19歳は42.7％、20代は40.5％、30代は45.5％、40代は40.7％、50代は44.3％、60代47.8％、70代以上59.6％になっており、どの世代も10年前、20年前よりも増えている傾向にある。また、これらの数値ばかりでなく、読書に対する意識や読書の手段の変化などを示した情報(「本」から電子データへなど)がみられる。

2. 読書資料と読書の傾向

　読書にたいする興味には年代などに応じた発達の傾向がある。絵本中心から童話へ、伝記やマンガから推理小説や冒険小説・SF、少年少女小説、純文学、ノンフィクションへというような変化が見られることである。個人差や趣向があり一概にはいえないが、カリキュラムづくりの観点として読書の移行として考えることができる。

第4節　学校図書館の活用

　学校図書館は子どもの学習活動の場として、その利用と利用指導を行うことを担っている。そこには、二つの役割がある。一つは、学校図書館を利用して教科等についての学習を指導することである。これは、自発的、

主体的な学習を支える働きになる。と同時に「学び方」を学ばせる働きをももつことになる。学校図書館の利用を通して、図書館の活用能力を育むことである。生涯学習を支える基礎的・基本的な学習ということになる。

1. 学校図書館の利用指導

学校図書館の利用指導の内容としては次のようになる。

①図書館及びその資料の利用に関する事項

図書館資料の種類や構成／学校図書館の機能と役割／公共図書館の機能と役割／地域の文化施設の機能と役割、を知って利用する。

②情報・資料の検索と利用に関する事項

図鑑／国語辞典・漢和辞典／百科事典・専門辞典／年鑑／図書以外の資料の検索と利用／目録・資料リスト、などの利用に慣れる。

③資料・情報の収集、組織と蓄積に関する事項
- ・必要な情報・資料を集める
- ・記録のとり方を工夫する
- ・資料リストを作る
- ・目的に応じた資料のまとめ方を工夫する
- ・目的に応じた伝達の仕方を工夫する
- ・資料の保管の仕方を工夫する

④生活の充実に関する事項
- ・望ましい読書週間を身につける
- ・集団での読書活動を楽しむ
- ・進んで読書などの活動を中心にした集会、学校行事などに参加する。

これらの指導内容を効果的に学習する学校図書館独自のカリキュラムをもつことや、図書館指導の時間を確保することなどが課題となってくる。「教科」の学習や「総合的な学習の時間」との関連も求められる。

2. 国語科における学校図書館の活用

国語科では、教科書に読書への誘い教材がある。どのような本を「読書」として読んだらよいのか、学習の発展としてどのような図書を読んだらよいのか、どのように図書館を活用したらよいのか、調べ方、活用の仕方を示した教材である。

また、各教材文には学習の手引きなどを通して言語活動が示され、調べたり考えたりする読書活動が促されている。その中で「指導事項」としての読み方の学習が行われる形になっている。

その際、教室にとどまる学習から図書館を活用して、調べたり、読み広げたりする授業を展開することが求められる。学校図書館が学習のセンターとしての機能を発揮することになる。

おわりに——読書指導の問題点と課題

「本の選び方」「本の読み方」といいながら、どのような本を選ぶのか、どのような読み方をさせるのか、どのような意図的、計画的な指導が必要なのか、具体化は難しい。何の本を選び、どのように読むのかが見えにくく、あるのは「活動」だけである。だから競争や遊びのような「本」とは別の価値追究に目を向けがちになる。これでは這い回る「活動」「経験」と揶揄されかねない。

『子どもの本ハンドブック』[野上ら2009]には、子どもの本500選として絵本や読み物、詩の本、図鑑・事典・科学絵本が紹介されている。このリストは、〈家族・親子、暮らし（生活・習慣）、いろいろな友だち、学校、ことばで遊ぶ、昔の話（神話・伝説・古典）、遊びと冒険、不思議、異世界

ファンタジー、社会・歴史・戦争・世界の人々〉というような主題で分類されている。今を生きる子どもたちに考えてもらいたいことやそうした本の探し方を具体的に示している。「何でもいいから本を探してきなさい」「好きな本を選んで紹介しよう」という子どもへの丸投げではない。未来を担う子どもが、その世界を広げたり自分を見つめ直したりし、自分の可能性を伸ばそうとする力を得られる「読書活動」をつくり出そうとしている。ここからは、押しつけでも「教化」主義でもない、次世代を担う子どもたちを育てる教育の原点である「願い」を見出すことができる。

　読書指導や読書についての研究は、読書心理学や読書社会学という学問分野名にあるように、心理学的な側面や社会学的な側面からの研究が整備されている。実践研究においても指導法、読書活動が多いに工夫され発表されている。いうまでもなく学校固有の実態や子どもや地域の実態をより改善すべき読書環境の問題も大きい。どの子どもにも豊かな読書生活を送り、優れた読書人に育ってほしい。その実現のためにも読書指導と学校図書館の活用を充実させることは重要な課題となっている。

参考文献

泉宣宏「編集後記」日本国語教育学会編『月刊国語教育研究』519号、2015年

井上敏夫「読書指導の構想」増淵恒吉、小海永二、田近洵一『説明的文章・読書指導（講座中学校国語科教育に理論と実践 6）』有精堂、1981年

大村はま『読書生活指導の実際』共文社、1980年

笠井正信「問題提起・『目的に応じた読書』のための指導とは」日本国語教育学会編『月刊国語教育研究』507号、2014年

髙木まさき「読書に関する研究の成果と展望」全国大学国語教育学会『国語科教育学研究の成果と展望Ⅱ』学芸図書、2013年

　※読書に関する研究の動向や実践研究などの文献が網羅されている。

図書館教育研究会『読書指導論』学芸図書、1997年

野上暁、ひこ田中編『子どもの本ハンドブック』三省堂、2009年
府川源一郎、長編の会編『読書を教室に（小学校編）』東洋館出版、1997年
府川源一郎、長編の会編『読書を教室に（中学校編）』東洋館出版、1997年
増田信一『読書感想文の指導』学芸図書、1982年
文部省指導資料『小学校・中学校における学校図書館の利用と指導』ぎょうせい、1983年
山元隆春編『読書教育を学ぶ人のために』世界思想社、2015年

静岡大学（村山功研究代表）「学校図書館活用ハンドブック 学力向上のための読書指導」（平成21年度文部科学省委託事業「学力調査を活用した専門的な課題分析に関する調査研究」）2009年
　▶http://www.j-sla.or.jp/pdfs/material/gakuryoku_kojo.pdf
静岡大学（村山功研究代表）「C. 読書活動と学力・学習状況の関係に関する調査研究分析報告書」（平成21年度文部科学省委託事業「学力調査を活用した専門的な課題分析に関する調査研究」）2009年
　▶http://www.mext.go.jp/b_menu/shingi/chousa/shotou/045/shiryo/attach/__icsFiles/afieldfile/2011/03/02/1302195_01.pdf
全国学校図書館協議会「『第61回読書調査』の結果」2015年
　▶http://www.j-sla.or.jp/material/research/54-1.html
文部科学省「子どもの読書活動の推進に関する基本的な計画」2013年
　▶http://www.mext.go.jp/b_menu/houdou/25/05/__icsFiles/afieldfile/2013/05/17/1335078_01.pdf
文化審議会「これからの時代に求められる国語力について」（答申）文部科学省、2004年
　▶http://www.mext.go.jp/b_menu/shingi/bunka/toushin/04020301.htm
文化庁「平成25年度『国語に関する世論調査』の結果の概要」2014年
　▶http://www.bunka.go.jp/tokei_hakusho_shuppan/tokeichosa/kokugo_yoronchosa/pdf/h25_chosa_kekka.pdf

（URLはいずれも2015年11月1日アクセス）

第12章 ニューメディアと国語科の授業

はじめに――メディアとは

　メディアとは、広くとらえると、コミュニケーションにおいてさまざまな情報を運ぶ役割を果たしている媒体のことである。すなわち、音声言語、表情や身振り手振り、文字言語といった原初的・基盤的なメディアから、新聞、雑誌、ラジオ、テレビといったマスメディア、さらには、コンピュータ、インターネット、スマートフォン、タブレットといった20世紀終盤以降登場したニューメディアまで、すべて含まれる。本章では、そのうち、ニューメディアに話題をしぼって述べていく。「ニュー」と冠していない場合には、マスメディアや過去のメディアも含めて指しているものとご理解願いたい。

　人が人に情報を伝えようとする場合、対象について、ある視点から切り取って、ある意図のもとでまとめ、組み立てていく。精粗の差こそあれ、子どもの行事作文から事件報道まで、いずれもこうした過程を経ている。人は誰しも個性的な認識や思考を備えているので、情報にはおのずから主

観が反映される。行事作文は主観的でも構わないが、マスメディアの報道となると偏向に陥りかねない。それゆえ報道では、主観的に向き合わざるを得ない対象について、客観を心がけていかにして報じるか、切り取って組み立てる過程を自覚化・意識化することで、中立・公正を目指している。

　これらのことからも明らかなように、メディアはありのままに対象を伝える透明な窓ではない。むしろ、その本質は「現実」を構成していることに求められる。朝起きてから夜眠るまで、私たちの生活はさまざまな種類のメディアとのかかわりによって成り立っており、メディアはごく自然な存在として浸透している。それだけに、私たちは上述の社会的事実を理解し、主体的・能動的に向き合うことが求められている。母語教育としての課題である。

第1節　メディアと教育の関わり

　そもそも教育はメディアとともにある。中でも、1658年に刊行された『世界図絵』は印刷教科書の始祖として名高い。

　学習活動でのメディアの働きを確認しておくと、次の3種が挙げられる[佐賀1998：170]。

　　①メディアによる学習（learning by media）
　　②メディアを通した（メディアを使う）学習（learning through/with media）
　　③メディアについての学習（learning about/on media）

　①はメディアをテキスト、あるいは教材として活用する場合であり、『世界図絵』から21世紀のデジタル教科書まで、あるいは20世紀中盤以降活用された教育映画や教育番組等があてはまる。伝統的な国語科はここに位置づけられる。②は学習者がメディアを道具（ツール）、あるいは教具として活用して、表現・理解を行う場合であり、情報教育やICT教育等で、写真等を撮影してプレゼンテーションを行ったり、インターネットを介し

て情報を集める学習等があてはまる。③は教育(教科)内容としてメディアを取り上げる場合であり、メディアの特性やその構成過程を学び、クリティカル(批判的)な「読み書き」を意図したメディア・リテラシー等があてはまる。

その時代ごとの「ニューメディア」を教育に取り入れることは、常に教育に刺激を与え、新たな可能性をもたらしてきた。50数年前、メディア論で一世を風靡したマーシャル・マクルーハンの卓見を踏まえて、ある論者は次のように述べた。

> 今日では学習者は代理経験(自分で直接経験するのではなく、テレビなどによる間接的な経験)と、かなりばらばらの諸事実の膨大なストックを頭にもって学校にやってくる。学習者は発展の過程における能動的な行動者として、学習ではあらゆる感覚を使うことを望む。(中略)新しい学習者は新しいメディアの結果だ、とマクルーハンはいう。そして新しい学習者は新しい種類の学習を要求する [カルキン 2003]。

ここで要求された「新しい種類の学習」とは、「チームによる授業」「複合メディアによる学習環境」である。当時の「ニューメディア」とは、主にテレビを指していたが、その後の学習方法や学習環境の変革をみごとにいいあてている。メディアを教育に取り入れることとは、たんに過去の教材や教具を新しいものに置き換えることだけにとどまらない。むしろ、学習方法や学習環境にかかわったダイナミックな変革をも促してきた事実に眼を向けたい。

第2節 メディアと国語科教育

戦後の国語科は、その初期には連合国軍最高司令官総司令部(GHQ／SCAP)の一部局であった民間情報教育局(CIE)の主導で、民主主義社会の

基盤を成す音声言語やマスメディアが教科内容に位置づけられた。それが、占領下から脱して、1960年代になるとともに後退していく。代わって、読解に代表される文字言語の理解を中心としたパターンが定着した。その弊害が問題となり、1990年代に音声言語の学習が、2000年代にマスメディアの学習が復権した。同時代のテクノロジーの伸展を受けて、ニューメディアの学習も台頭してきた。

現在の特徴は、伝統的な音声・文字言語からニューメディアまでが連続的に位置づけられ、前節で説明した①〜③の学習のすべてが含まれている点にある。これが以前であれば、国語科と視聴覚教育の連携等として、分断的に取り扱われてきたのであろうが、1998（平成10）年版学習指導要領以降、国語科に「伝え合う力」という概念が登場したことから、多様なコミュニケーションが一元化され、連続的な位置付けが可能になった。

周知のように、国語科の構造は、〈領域〉と〈事項〉から成っている。〈領域〉が「話すこと・聞くこと」「書くこと」「読むこと」といった言語活動を指し、〈事項〉がそれを支える言語の知識や基礎的な技能を指し、かつての「言語事項」や現在の「国語の特質」として位置づけられている。現時点では、国語科としての構造はそのままにして、メディアの選択肢を増やすことで実質的に対応がはかられている。もしこれから本格的に国語科の構造がメディアへと拡張された場合に、どのような変化が想定されるのであろうか。先進的な取り組みを展開している国の事例や研究をもとに粗描しておく。

〈領域〉に関しては、「話すこと・聞くこと」「書くこと」「読むこと」だけでは、メディアについて担いきれない。とりわけ映像に関する部分が明らかに不足している。そこで、新たに「見ること (viewing)」を追加する事例が増えてきている。そこでは、映像の基本的な見方をはじめとして、映像をどのようにして「言語化」しているのか、「言語化」したことを言語とどう関連づけて解釈しているのか、さらには表現において、どのようにして見せているのかまでが扱われている。伝統的に、映像は母語教育の範疇外とされてきたが、「言語化」の過程の重要性に鑑みて新しい〈領

域〉が定着した。その結果、例えば、従来も行われてきた挿絵を読む学習に理論的根拠を与えることが可能になったのである。

同様のことは〈事項〉についても指摘できる。イギリスで活躍するメディア教育学者であるD・バッキンガムは基本概念として、以下の四つのカテゴリーを提唱している［バッキンガム2006：第4章］。

①制作
・テクノロジー、制作業務、産業、メディア間のつながり、規律／規制、流通と供給、アクセスと参加

②言語
・意味、きまり／約束事、コード、ジャンル、選択、組み合わせ、テクノロジー

③リプレゼンテーション（表象）
・リアリズム、真実を語ること、存在と不在、偏向と客観性、ステレオタイプ化、影響

④オーディエンス
・ターゲット化、語りかけ、流通、利用、理解、楽しみ、社会的な差異

ここには、日本でいう〈領域〉と〈事項〉とが混在しているが、少なくとも〈事項〉に関わった広がりは実感できよう。①や④にあるようなメディアを支えている社会システムから、③にあるようなメディアが媒介するイメージや文化までが包摂され、そうした上で、②にあるように、メディアを中核的に支えている言語が位置づけられている。学問領域でいえば、社会学や法学、経済学等に立脚した幅広い概念が動員されている。母語教育がこれまで、教育学、心理学、文学、言語学を土台として発展して

きたことに照らせば、新たな展開のダイナミックさがうかがえよう。母語教育が、社会生活の中での言語を本格的に対象化する場合、こうした概念装置が不可欠なのである。

　いきなり未来の母語教育の話を聞かされたような驚きを覚えた向きもあるかもしれない。けれども、イギリスをはじめ、カナダやオーストラリアといったとした国々では定着しつつあるパラダイムである。私たちは、日本社会やメディアの変化と、先進的な事例や研究とを見据えて、国語科教育をどのように充実させていけばよいか、構想する必要がある。

　上述の問題意識を踏まえて、現在の時点での意欲的な実践例を２例、紹介することにしたい［大島ほか 2014：1-10］。

（１）実践例１「世界遺産　白神山地からの提言」(小学校５学年)

　群馬大学教育学部附属小学校の大島崇教諭による実践の１こまを紹介したい。本時は、「PISA型読解力」として注目されている新たな発想による国語科教科書教材「世界遺産　白神山地からの提言」（教育出版）をもとに、総合的な言語活動の充実をはかることを目ざしている。本実践では、学習者が１人１台タブレットを使用しており、それらは教室内のネットワークを介してインターネットに接続可能である。

　単元の展開としては、最初に学習課題をつかみ、教材に即して、「人間は、自然とどのようにかかわっていったらよいか」という問いに対する各自の考えをもたせ、同じ考えの者どうしでグループを組ませ、グループごとにその根拠となる具体的な情報を集めさせた。ここまでで２時間であり、本時はその続きである。

　学習者はグループ（３～４名）単位で座り、書籍やタブレットで集めた情報を持ち寄って授業に参加した。「学び合い」で使用する「共有シート」（意見を組み立てる流れ図が記載された模造紙）とポストイットがグループごとに用意されていた。書籍は「白神山地」や「自然とのかかわり」に関するもので、学校司書の協力のもと準備したものである。

　タブレットには、学習者がインターネットから得た情報に加えて、上記

①情報を持ち寄り、交流する学習者たち

書籍のうちで参考になる部分を撮影した画面も入っていた。書籍を撮影して使用するという発想は、1冊しかない本を皆で活用することから、学習者から出てきたものだという。タブレットはオンラインストレージサービス「ドロップボックス」に接続されており、個々の学習者が集めた情報をそこに保存するとともに、それぞれの情報に全員が自由にアクセスできるように設定されていて、情報共有が容易な環境が整備されている。

　教師が電子黒板を使って、本時の学習内容とその展開について説明。「見つけた資料を紹介し合って、グループの意見をはっきりさせよう」をめあてとして示した。

　学習者は、根拠となる情報をポストイットに書き、それを他のメンバーに口頭で説明しながら、「共有シート」のふさわしい部分に貼っていった。それぞれが探してきた情報を説明することもあって、熱気ある交流が行われていた。書籍やタブレットを見せながら説明する向きもあった（写真①）。

　ポストイットを貼り終えたグループは、情報相互の関係を示すための線を引いたり、マルで囲む作業に入っていった。それぞれの情報についての補足説明や意見交換が賑やかに進められた。

　「説得力のある考えをまとめるのが大事だよ」と教師が再度強調し、学び合いの方向性を確認させた。「そろそろ意見が書けるかな」と教師が問いかけ、情報の説明・検討を経た最終的な意見をフリップに書くように指示した。

教師は、学習者に「……だから、……、という意見だね」といった念押しをすることで、根拠を踏まえた意見になっているかどうかを確認させた。各グループとも話し合いが白熱していた。「これでまとめだから、（フリップに）書いちゃおうよ」「いやいやまだ話し合おうよ……」といったやり取りも聞かれた。

②グループの意見を貼る場所を考える学習者

黒板に掲示した模造紙（どういう考えに自分たちの意見が近いかを視覚的に把捉しやすいように工夫されている）に、グループごとの意見を書いたフリップを貼るように指示した。あるグループの意見は、前回よりも大きく変化していたので、学習者のあいだからどよめきも出た。それだけ学習に熱中しているあかしであろう（写真②）。

貼られたフリップをもとに、教師がまとめに入った。大きく変化したグループを指名して、どう変わったのかを説明させた。グループを組んだときには近かったはずのお互いの意見が、本時の学習で大きく変わってしまったようだ。それでも、安易な妥協に走ることなく、お互いの考えを真摯に述べ合っていた姿が印象的であった。

この実践では、教材に掲載された情報を補うために、書籍や、学習者が調べてタブレットに蓄えた情報も取り入れて、情報の幅や厚みを拡張した上で行われた。同教材では、読む目的に関わって「意見文を書こう」というゴールが明示されていたが、授業では、個人の意見文を書くことから、グループの意見をポスターセッションで主張することへと改めて、映像や図表の活用や「学び合い」の必然性をもたせていた。

学習指導では、タブレットの活用が、調査活動や学び合いを促すことが

確認できた。とともに過程では、発想シート（模造紙）とポストイットによる、手書きによるアナログも十分に機能していた。学習者のあいだから自発的に出てきた発想の中には興味深いものもあった。タブレットの活用方法として、書籍を撮影してタブレットに入れるという「スキャン」の発想である。紙への愛着が強い私たち大人の発想では、紙媒体が中心であるところに、累加的にタブレットを付け足すととらえがちである。けれども、彼らはむしろデジタルを基本的なプラットフォームとして、従来の紙媒体をそこに取り込むという、逆の発想に立った結果だと考えられる。

　私たちはこうしたデジタルならではの発想の出現や転換に鋭敏な眼を向けるとともに、常にその意義や問題点等について熟慮したい。デジタルによる学習指導の可能性を広げる上で、従来の紙媒体をデジタルに置き換えるだけだとする認識では限界があるからである。むしろ、新たな発想の出現や転換が今後も起こり得るととらえた方が、最適化に際して有益であると考えられる。

（２）実践例２「物語をつくろう」（中学校２学年）

　群馬大学教育学部附属中学校の藤本裕一教諭による実践の１こまを紹介したい。この実践でも、学習者は１人１台のタブレットを使用している。本時は、教科書（三省堂）に掲載されている１枚のイラスト（擬人化された動物たちが描かれている）について、タブレットで全体や細部の映像を撮影して順番に並べて構成し、それをもとに各自が物語を創り、お互いの作品を交流する学習の１こまである。

　流れをざっと説明しておく。学習者は最初に物語のあらすじを書いた。次に、あらすじに即して、タブレットで教科書のイラストの全体や細部を撮影し、それらをスライドショーとして並べて、「電子紙芝居」の映像の展開を構成した。構成した映像をもとに、登場人物のキャラクターに応じたセリフを考え、ワークシートに書き込んだ。試作した作品を４名のグループで交流した。ここまでで、４時間であった。

　本時では、前時とは別の４名のグループで交流し、聞き手からの意見を

もらって修正し、前時のグループに戻って交流する。

教師が、電子黒板を活用して、学習の観点としての「物語の構成」と「登場人物の設定」について確認し、効果的な作品になるように工夫する必要性を説明した。

③各自の物語を発表し合う学習者

4名のグループでの交流。「セリフがおもしろい」「カワイイ」といった声も。お互いに楽しみながらも、集中して見合っていた。物語を発表している様子を、メンバーが撮影しており、発表後その様子を見せてもらう者もいた（写真③）。

「終わったグループは、修正を始めてください」「構成やセリフについても、よく確認してください」教室内がにわかに静まった。

個人差はあるが、もらった意見をもとにワークシートに修正した物語を書き込む作業に取り組んでいた。映像に関しても、同じグループの人が活用していた表現テクニックを自分の作品に取り入れる等の反応があった。

「これは紙芝居ですよね。どう読みますか？」と教師が投げかけ、学習者に演じさせ、それに対する感想を求めた。教師は効果的な音声表現の必要性を強調した。

4名のグループを、前時と同じグループに戻して、前半での交流・修正を踏まえた再度の交流に取り組ませた。リラックスした雰囲気。笑いも。お互いの作品の変化に注目していた。

教師が、2名の学習者を指名し、学級全体の前で自作の発表をさせた。教師は、学習者の作品がイラストのどこを切り取ったのかがわかるように、電子黒板に映写したイラストに枠囲み線を書き加えた（次頁写真④）。

④学級全体の前で物語を発表する学習者

「効果的な物語にするために、どんなことが必要でしたか？」という問いに、学習者からは「起承転結」「映像に書き文字を書き加えておく」といった意見が出た。

この実践では、映像と言葉を活かした学習活動が実現していた。さらに、お互いの作品をもとにした闊達な交流が行われた。創作が苦手な学習者でも参加できていたのは、学習指導上の工夫が実を結んだものと評価できる。

国語科で表現や創作というと、個性を反映した内発的な活動としての側面が重視されがちであった。けれども、リミックス（Re-mix）やブリコラージュ（Bricolage）の発想も等しく必要である［中村2012：85-89］。そうした可能性が、テクノロジーの後押しを得て実現したことは大きな収穫であった。

おわりに──国語科教育の可能性を拓く

前節で紹介した二つの実践は、「メディアによる学習」「メディアをとおした学習」から「メディアについての学習」までが含まれており、学習方法や学習環境に関わった変革の可能性をうかがわせる試みであった。

わざわざパソコン室に足を運ばずとも、いつもの教室でインターネットの接続が可能になったとき、学習者は、あらゆるメディアからの情報をデジタルのプラットフォームで標準化し、お互いの共有をはかった。また、タブレットで学習者が活用したテクノロジーは、ただちに他者にも受容さ

れ、新たな表現の可能性が拓かれた。ネットワークを介したハイテクによる交流の一方で、模造紙に書き込んだり、ポストイットを貼ったり貼り直したりといったローテクによる交流も行われ、ふさわしい方法が適切に選択された。ニューメディアの導入と聞くと、すべてをハイテクに置き換えることと誤解して、感情的な反応を示す向きもあるが、そうではないのである。

　グローバル化に伴い、日本の公教育に通う者の中に、日本語を母語としない学習者が急増しつつある。このことは、単に言語だけの問題ではない、その背後にある文化や生活様式等、さまざまな争点と響き合っている。それらを表象し、社会の中でのコミュニケーションを担うマスメディアやニューメディアの役割は、より重要性を増すことが予想される。ニューメディアを含めて、メディアを教育に位置付けることは、一過性の流行現象ではない。国語科の授業の可能性を大きく拓く、未来を見据えた営為なのである。

引用文献

大島崇、後閑芳孝、髙橋典平、中村敦雄、濱田秀行、藤本裕一、山本宏樹「小・中学校国語科におけるマルチモーダルな言語活動の可能性――タブレット活用による実践開発の試み」『群馬大学教育実践研究』31号、2014年

カルキン、ジョン・M.「マクルーハン理論とは何か」M・マクルーハンほか『マクルーハン理論』平凡社、2003年〔原著1960年〕

佐賀啓男「メディア教育概念の変遷」『メディア教育研究』1号、1998年

中村敦雄「国語科教育学における『メディア』概念の射程」『国語科教育』72集、2012年

バッキンガム, D.(鈴木みどり監訳)『メディア・リテラシー教育』世界思想社、2006年

参考文献

井上尚美編集代表『国語科メディア教育への挑戦』(全4巻) 明治図書出版、2003年

全国大学国語教育学会編『国語科教育学研究の成果と展望Ⅱ』Ⅵ章、学芸図書、2013年

森本洋介『メディア・リテラシー教育における「批判的」な思考力の育成』東信堂、2014年

第13章

校種のつながりを意識した学習指導

はじめに

　「国語科の学習」と聞くと、多くの読者は、小学校、中学校、あるいは高等学校の国語の授業が思い浮かぶことだろう。確かに、国語科という教科の学習は小学校1年生から始まり、高校3年生で終わる。しかし、「言葉の学び」という観点からすると、それは生まれたときから始まり、生涯にわたって続くものである。

　本章では、この国語科の学習を「言葉の学び」という広い視座からとらえ直してみたい。言葉の学びは、家庭や生活の中で無作為・偶発的に起こるものもあるが、本章では学校教育の場で意図的、計画的、かつ組織的に行われる学校教育における「言葉の学び」について取り上げる。学校教育における「言葉の学び」の指導はどのように行われているのだろうか。義務教育である小学校・中学校間、またそこに連なる同じく学校教育に位置づけられる幼稚園からの指導のつながりに焦点をあて、幼・小・中の校種のつながりを意識した学習指導について概観する。

第1節　校種の移行に伴う課題

　1990年代以降、「小1プロブレム」「中1ギャップ」など、校種の移行に伴う子どもたちの学校不適応の問題がクローズアップされてきた。移行に伴って不適応が起きる原因としては、「幼保、小、中、高、それぞれが独自の教育観を持っており、（中略）それぞれ違った指導方法」を取っていることが挙げられる［酒井 2013］。また、子どもたちの発達段階や成長が早まり、戦後から続く「6－3」制の義務教育制度と現在の児童生徒の心身の発達がミスマッチであるとの指摘もある。

　つまり、つながりのある学習指導を実現するためには、校種間での教師の指導方法につながりをもたせること、そして旧来の発達観、子ども観に囚われず、今、目の前の子どもの実態に即した指導を行うことが肝要であるといえる。

　では、幼－小、小－中のつながりにおいて、それぞれどのような課題があり、どのような学習指導の方法が考えられるであろうか。以下、第2節においては、幼－小のつながり、第3節において小－中のつながりを詳述する。

第2節　幼稚園と小学校のつながり

　日本で初めての幼稚園、東京女子師範学校附属幼稚園（現・お茶の水女子大学附属幼稚園）が創設されて以降、幼稚園と小学校の接続については、長い間問題となってきた。しかし、1990年代後半以降、「①授業不成立という現象を中心にして、②学級が本来持っている学び・遊び・暮らしの機能が不全になっている、③小学校1年生の集団未形成の問題」［新保 2010］である「小1プロブレム」が注目を浴びるようになり、現代的な課題として、多くの自治体、学校において、幼小連携の取り組みが積極的に行われるよ

うになった。

　連携のあり方として大切なのは、「発達の段階の違いに起因する違いが存在するものの、こうした違いの理解・実践は、あくまで両者の教育の目的・目標が連続性・一貫性をもって構成され、(中略) 学びの芽生えの時期から自覚的な学びの時期への円滑な移行」［文部科学省報告2010］を図ることである。ここでいう「学びの芽生え」とは、「学ぶということを意識しているわけではないが、楽しいことや好きなことに集中することを通じて、様々なことを学んでいくことであり、幼児期における遊びの中での学び」であり、「自覚的な学び」とは、「学ぶということについての意識があり、集中する時間とそうでない時間（休憩の時間等）の区別がつき、与えられた課題を自分の課題として受け止め、計画的に学習を進めることであり、小学校における各教科等の授業を通した学習」［文部科学省報告2010］である。

　では、言葉の指導において、子どもたちをこの学びの芽生えの時期から自覚的な学びの時期へ円滑に移行させるためには、どのようなことに留意すればよいのだろうか。また、どのような指導が考えられるであろうか。

1. 幼稚園の学びと小学校の学びをつなぐ学習指導

（1）幼稚園における言葉の指導

　まず、幼稚園における言葉の指導は学校教育にどのように位置づけられているのであろうか。2008年、小学校学習指導要領と同時に改訂となった幼稚園教育要領第1章総則には、「幼児の自発的な活動としての遊びは、心身の調和のとれた発達の基礎を培う重要な学習であることを考慮して、遊びを通しての指導を中心として第2章に示すねらいが総合的に達成されるようにすること」とある。つまり、自発的な活動としての遊びそのものが学びであり、遊びを通してねらいが総合的に達成されるよう、教師が指導することが求められている。第2章に示すねらいとは、「健康」「人間関係」「環境」「言葉」「表現」の5領域における「幼稚園修了までに育つこと

が期待される生きる力の基礎となる心情、意欲、態度」であり、生活の中で「相互に関連をもちながら次第に達成に向かうもの」と示されている。つまり、5領域がバラバラに指導されるのではなく、生活の中で総合的に、関連をもちながら達成の方向に向かうようにしていくのが、幼稚園の指導といえる。また、そのようなねらいのあり方を、ある一定の方向に向かわせる目標という意味で「方向目標」という。このような指導やねらいのあり方を理解した上で、幼児期の言葉の指導について考えてみよう。

領域「言葉」のねらいは、言葉を使って表現することに対する楽しさや喜びといった心情を味わわせること、言葉で表現することへの意欲や態度を養うこと、言葉によって想像を広げたり、言葉を通して他者とかかわり心を通わせたりすることである。つまり、方向目標に向かって、特定の言葉の知識・技能を身につけさせるのではなく、遊びや生活の中で言葉に対する望ましい心情、意欲、態度を他の領域と関連させながら総合的に培っていくことが幼児期の言葉の指導には求められている。

ちなみに、幼稚園と小学校以降の子どもの言葉には、発達的な違いもある。幼稚園の子どもたちの言葉は、1対1の親密な関係の中での会話を中心とする話し言葉であり、このような話し言葉の状況を「一次的ことば」[岡本1985]という。一方、小学校に入ると書き言葉（文字）の指導が始まり、話し言葉も不特定多数の他者にも伝わるようなパブリックな話し方が求められるようになる。このような言葉の状況を「二次的ことば」[岡本1985]という。つまり、幼と小では育てる対象となる言葉の状況も異なっていることを理解しておく必要がある。

（2）小学校学習指導要領における国語科の指導

次に、小学校学習指導要領において、言葉の指導がどのように規定されているか概観してみよう。

小学校学習指導要領解説国語編第2章国語科の目標及び内容には、「話すこと・聞くこと」「書くこと」「読むこと」の3領域の目標とそれぞれの指導事項、〔伝統的な言語文化と国語の特質に関する事項〕の内容が示さ

れている（各領域・事項の詳細は「第１部　小学校における国語科教育」参照）。３領域の目標はそれぞれ独自の目標として示されているものの、「相互に密接な関連性」があり、指導が調和的に行われるような配慮をすること、そして、それらの領域と関連させながら「伝統的な言語文化と国語の特質に関する事項」を指導していくように求められている。

　また、第４章指導計画の作成と内容の取扱いにおいて、「低学年においては、生活科などとの関連を積極的に図り、指導の効果を高めるようにすること。特に第１学年においては、幼稚園教育における言葉に関する内容などとの関連を考慮すること」とも明記されている。

　つまり、小学校においては、言葉の領域ごとに到達すべき目標があるが、領域独立に指導されるのではなく相互に関連性をもたせながら言葉の諸能力を総合的に指導することが求められている。また、低学年においては、生活科をはじめ他教科との関連や、第１学年においては幼稚園教育における言葉の内容も配慮することとなっている。このように、幼稚園と小学校の言葉の指導は一貫性を担保するように明記されているのである。

　ただし、注意しなければならないのは、先述した幼稚園のねらいが「方向目標」であるのに対し、小学校は指導事項を指導することで確実に目標を達成することが求められる「到達目標」だという点である。先述したように、幼稚園から小学校への移行は、「学びの芽生え」から「自覚的な学び」の時期へ移行する時期でもあり、子どもが遊びを通して楽しみながら総合的に「方向目標」に向かっていく幼稚園の段階から、各領域の指導事項を確実におさえ、子ども自身も「到達目標」を意識して自覚的に学びを進めていく小学校の段階へ言葉の指導も移行する必要がある。当然、子どもたちには無自覚な「遊び」による学びから、自覚的で強制力のある「学び」への転換が要求されることになり、ときにその指導方法の違いが子どもにとって超えられない大きな段差となってしまうことがある。しかし、同時に子どもは、自身の成長に大きな喜びや自信も感じるものであり、段差を上ろうとする意欲も高い。幼稚園でも、就学前になると「早く小学校で勉強したい！」という言葉も聞かれるし、小学校ごっこをして遊んでい

る姿もしばしば目にする。このような子どもの成長への意欲を持続させつつ、子どもにとって上ることのできる、あるいは上ろうとする意欲をさらに喚起するような程よく挑戦的な段差に指導方法や学習内容を調整することが、小学校1年生の教師には求められているといえる。では、具体的にどのような指導が考えられるであろうか。以下の実践から考えてみよう。

2. 幼小のつながりを大切にした授業実践

　幼稚園から小学校に円滑に移行する言葉の学習指導の手立てとして、2008年の学習指導要領で内容に格上げされた言語活動を活用することが考えられる。言語活動は、幼稚園における遊びに代わる役割を果たすと考えられる。学習指導要領でも、言語活動を通して指導事項を達成させるように指示されているが、言語活動を充実させることで、子どもたちは学びの目的意識をもち、楽しみながら指導事項を達成することができるからである。もちろん、小学校は「自覚的な学び」の段階であり、幼稚園の遊びのように無自覚の学びとは異なる側面もある。学習目標を子ども自身が意識し、教師から与えられた課題を自分の課題として受け止め、指導事項を確実に達成しながら自覚的、計画的に学習を進めることが求められる。しかし、言語活動を生かした国語科の学習は、旧来のように、指導事項が子どもにとって必然性なく教師によって強制的に組み込まれた学習や、直接的な学習目標を達成すべく課題に取り組む学習とは異なる。言語活動を生かした国語科の学習においては、言語活動が子どもの興味関心から生じ、言語活動を子どもが楽しみながら、その過程で必然的に生じる指導事項を教師が確実に指導し、学習目標が子どもに無理なく達成されるようにするという学習の流れとなる。以下、【事例1】では、幼小の言葉の学びの円滑な移行を企図した、言語活動を生かし、他教科との関連性をもたせた、小学校1年生「書くこと」の学習指導を紹介する。

【事例1】小学校1年生国語科（指導者：吉永安里）

「1年 ふしぎな動物の世界で遊ぼう──製作からお話づくりを楽しむ」
（[細川ほか代表編者2014] をもとに一部改変）

①単元の指導計画

（単元の目標）

- 製作活動や遊び、おしゃべりを通して登場人物や場面の様子について想像を膨らませ、書こうとする題材に必要な事柄を集めている。
- 「だれが」「どうして（事件・出来事）」「どうなった（結末）」という簡単な構成を意識して物語を書いている。
- 友だちと物語を読み合い、認め合うことで、お話づくりの楽しさを味わったり、お話の書き方の工夫に気付いたりしている。

（単元の流れ）

図工・生活	図工1・2時	ふしぎな動物の製作をする。
	休み時間	製作した不思議な動物で友だちと遊ぶ。
	図工3・4時	ふしぎな動物の絵を描く。
第1次	1時	ふしぎな動物の出てくる物語について、おしゃべりしながらイメージを膨らませる。
第2次	2～5時	ふしぎな動物の出てくる物語の登場人物とあらすじを考え、書く。
第3次	6時	物語を読み合い、コメントカードを書き合う。

②指導の実際

〈図工1・2時／休み時間〉ふしぎな動物をつくり、遊ぶ。

　想像を広げてふしぎな動物を製作した。ふしぎな動物に名前をつけ、性格や特徴も決め、教室の好きな場所を住処とした。休み時間には、近所に住む友だちの動物と人形ごっこをして遊んだり、友だちに自分の動物の話をしたりしている子どもたちの姿がみられた。

教室のあちこちに住むふしぎな動物たち

〈図工3・4時〉ふしぎな動物の絵を描く。

　自分や友だちの動物に愛着をもち始めたところで、その動物たちの絵を描くことにした。「早く描きたい！」という意欲的な声が多かったが、どんな絵にするか迷う姿が見られたため、教師の製作した動物を使って、簡単な物語を即興でつくり、物語の一場面を絵にしたらどうかともちかけた。子どもからは、「大きな事件や結末の場面を描きたい」という、国語で学習した「あらすじ」を意識した発言が出てきた。また、友だちの動物や新たな登場人物を絵に加えたいという意見も出てきた。絵を描く活動を通して、「事件とか結末を考えるなら、お話も書いてみたい！」という意見が出てきたところで、物語を書く学習へつなげていった。

〈第1次〉おしゃべりしながら物語のイメージを膨らませる。

　物語のイメージを膨らませるため、話し言葉で友だちとおしゃべりする時間を設けた。おしゃべりは、「一次的ことば」と「二次的ことば」の間にある子どもたちが、伸び伸びと気負いなくイメージを広げるのに大変有

効な手立てである。子どもたち
はおしゃべりを通して物語のイ
メージを膨らませ、第2次の書
く活動にスムーズに取りかかっ
た。

〈第2次〉登場人物とあらすじを
　　　　考え、物語を書く。

ふしぎな動物の絵

　自分の製作したふしぎな動物
を主人公、友だちの動物や絵を描く際に新たに考えた動物を登場人物とし、
だれ（主人公や登場人物）が、どうして（事件や出来事）、どうなった（結
末）かのあらすじを、「おはなしワークシート」に書き込んだ。このワー
クシートを手がかりとし、見通しをもって書けるようにした。また、物語
らしくなるように、これまで国語で学習してきた、登場人物の会話や様子
の伝わる言葉（オノマトペ、色・形などを表す言葉）を使って書けるよう、
ワークシートにヒントを示した。

　記述場面では、黙々と自分の動物の物語を書く子もいれば、友だちの動
物を登場させる場合には、相談しながら書く子もいた。

〈第3次〉物語を読み合い、コメントを書き合う。

　書きあがった子から、物語を読み合い、互いの作品への感想や書き方へ

子どもたちの交流の姿

のコメントを書き合う活動を始めた。コメントを交換することで、自分の物語を友だちに読んでもらえる喜びを感じ、物語づくりへの意欲を高めることができた。この単元の後、休み時間や家庭で、物語を書いて遊ぶ子どもたちの姿が見られるようになった。

第3節　小学校の学びと中学校の学びのつながり

「小1プロブレム」が話題になってからほどなくして、小中の接続に関しても「中1ギャップ」という問題が指摘されるようになった。「中1ギャップ」とは、小学校から中学校への移行に伴って、新しい環境での学習や生活に適応できず、不登校等の問題行動につながっていくことを指す。その原因には、小・中の間の学習指導・生活指導に大きな段差があることが挙げられる。学習指導面では特に、学級担任制（小学校）と教科担任制（中学校）の違いによる子どもの戸惑いや、小学校高学年での学力の開きを引きずったまま中学に進学することが、問題であると指摘されている。

つまり、「中1ギャップ」について国語科で取り組めることとしては、中学校で必要とされる言葉の力を、小学校段階で確実に指導し、送り出すことであろう。

では、小学校側においては、どのような指導が必要であり、また、受入側である中学校では、どのような配慮が必要なのであろうか。

1. 小学校の学びと中学校の学びをつなぐ指導

2013年の『中学1年生の学習と生活に関する調査』（ベネッセ調べ）の結果から、「中学1年時に成績が上位へと伸びた生徒は、（中略）セルフチェックをしながら進める自己管理型の勉強法を身につけている」［樋口2013］ことが示唆されている。自己学習力の有無が中学校での学習の適応に影響するとすれば、国語科では、小学校段階の指導事項が確実に指導さ

れて身についていること、そしてそれを自身で自覚しながら新たな学習に活用できるようになっていることが不可欠である。

　実際、指導事項は、小中の学習指導要領で大きな違いはない。「読むこと」の領域で、①「説明的な文章の解釈」と「文学的な文章の解釈」が小学校では分けて記載されているが、中学校では「文章の解釈」の枠の中にまとめられていること、②小学校の「音読」「効果的な読み方」の項目が中学校にはなく、「語句の意味の理解」が新たに導入されていることの２点を除けば、３領域とも項目はほぼ同じである。

　しかし、内容的には、小学校第１・２学年から中学校第３学年まで指導事項の系統性が意識され、段階を踏んでより高度になっていく。だからこそ、小学校の指導事項を確実に習得して中学へ進学することが肝要なのである。当然、小学校教諭は、現在の学習が中学校へ途切れなく続いていることを意識し、確実に力をつけて中学へ送り出す責任が生じる。一方、教科担任制や新たな人間関係の中で、より難解な課題に対して、子どものもっている力が十全に発揮されない可能性があることを、中学校教諭も理解しておく必要があろう。また、個をみれば、取りこぼしや、定着が不十分な事項もあるだろう。中学校教諭はそうした子ども一人ひとりの実態をとらえ、自らの仕事として責任をもって指導を引き受けることが求められる。とはいえ、先に述べたように国語科は指導事項の項目そのものはほぼ変わらないため、子どもにとっては学習内容の段差による戸惑いは少ないともいえる。小学校で指導事項を確実に定着させ、中学校でも子ども一人ひとりの実態にあった柔軟な指導をし、小学校でも重視されている言語活動を充実させることで、小中の学びを円滑につなぐことができると考えられる。

2．小中のつながりを大切にした授業実践

　しかし、中学校に送り出す小学校側が、どのように言葉の力を確実につけていくかということは容易な問題ではない。そこで、小中の学びをつな

ぐ指導として、指導事項を再確認し、中学校での自力で読む力につなげる、小学校「読むこと」の授業実践を紹介する。

まず前提として、「読むこと」の指導事項には、小学校第1・2学年から、文学的文章では「場面」「登場人物」など、説明的文章では「順序」など、文章を理解したり、解釈したりする際の観点（手がかり）となる「学習用語」が配当されていることを確認しておきたい。「学習用語」は学年が上がるごとに、長い、複雑な文章に出合い、新たな用語を習得したり、繰り返し用いたりしながら、確実に身につけられるよう系統的に配当されている。そして、中学校ではそれを新たな文章の中で自ら活用して読めるようになっている。

以下、事例2では、この「学習用語」の確実な定着を図り、中学校の学びへの円滑な移行を企図した、小学校6年生「読むこと」の実践である。

【事例2】小学校6年生国語科（指導者：吉永安里）

「6年生『伝記』ってなんだろう？──学習用語の総まとめ」（[大熊ほか2013]をもとに一部改変）

①単元の指導計画
（単元の目標）
- 伝記というジャンルに特徴的な文章内容や表現方法を、学習用語を用いて読み取っている。
- 伝記を読み比べ、人物の描き方に対する筆者の意図を読み取っている。

第1次	1・2時	伝記とはどのようなジャンルなのかを読み取る。
第2次	3〜5時	伝記から人物像を読み取る。
第3次	6時	尊敬する人物の伝記を読み、卒業文集に「尊敬する人物」を書く。

・伝記から尊敬する人物の人物像を読み取り、あこがれの思いをもつ。

②指導の実際
〈第１次〉伝記はどのようなジャンルなのかを読み取る。

　これまで学習してきた文章を文学的文章と説明的文章に分類し、伝記はどちらの文章ジャンルなのかを「学習用語」を用いながら考えてみることとした。まず、子どもたちにはこの単元が小学校最後の学習であることを伝え、これまで読んできた文章の題名を挙げさせた。これを、教師が何もいわずに文学的文章と説明的文章に分けながら板書していくと、子どもたちは自然に教師の分類の基準を考え始めた。特に、随筆や詩、伝記を文学的文章の側に板書すると疑問の声があがった。そこで、子どもたちに文章ジャンルの特徴を考えさせたところ、これまでの学習してきた学習用語を

〈文学的文章の特徴〉	〈説明的文章の特徴〉
・登場人物がいる。 ・事件が起きて、登場人物の心情に変化が起こる。 ・作者が創作した場面設定の中で話が展開する。 ・語り手がいて、話によって色々な視点で語っている。 ・情景によって心情が語られることがある。 ・会話によって話が展開することが多い。 ・作者のいいたいこと（主題）が、作品の中に埋め込まれている。 ・直接的な表現ではなく、比喩が用いられることが多い。	・問いに対して、例を挙げて答えが導き出される構成になっている。 ・筆者の結論や主張が大体文章の最後に明記されている。 ・筆者がみたり、聞いたり、調べたことの事実が書かれている。

用いて、以下のような説明がなされた。

　この基準に沿って、「イーハトーヴの夢」（光村図書・６年）を読み、どちらに分類すべきか考えさせた。すると、８人が文学的文章、残りの31人は説明的文章、と圧倒的に説明的文章に分類する子が多かった。

〈第２次〉伝記から人物像を読み取る。

　読み取りの１時間目には、光村図書の「イーハトーブの夢」を読み、宮沢賢治の人物像を読み取った。この作品には賢治の生まれた年の岩手県の災害の様子が書かれており、貧しい農民たちに心を寄せ、農業に生涯を捧

げた賢治の一面が色濃く描かれている。このことから、宮沢賢治は、自分は裕福だったにもかかわらず、貧しい農民に心を寄せる優しさにあふれた献身的な人物であるとの感想をもつ子が多かった。

　2時間目には、東京書籍の「宮沢賢治」を読んだ。冒頭に、賢治の出生や時代背景ではなく、「激しく燃え続けた、太陽のような人」という記述があり、情熱的な人物像が文章全体を通して描かれている。理想を教育、農業、宗教、童話にぶつける様子や、植物や鉱物に強い関心をもって探究する様子、「打ち込む」「仕事のことを忘れて」「熱い思い」という表現があり、情熱的で、熱い人物像ととらえる感想が多かった。また、「変わり果てた暮らしぶり」、理想と現実のギャップに葛藤する姿が描かれているため、理想の高すぎる変わり者という感想をもつ子もいた。

　3時間目には、この二つの文章を読み比べての人物の描き方の共通点や相違点、伝記というジャンルの特徴についてまとめた。二つの文章から、書き手によって人物のとらえ方が違うこと、書き手が伝えたい人物像を強調する事例を意図的に選んでいることに気付くことができた。この気付きによって、伝記は事実を基にはしているが、作者の意図によって人物像がつくり上げられるという点でフィクションの要素があることや、比喩や会話文などの文学的な表現が伝記にはあり、文学的文章のジャンルに分類できることが理解できた。また、文章の特徴を多様な観点からとらえることによって、既習の学習用語を整理し直し、その重要性にも改めて気付くことができた。

〈第3次〉**伝記を読み、卒業文集に「尊敬する人物」を書く。**

　子どもたちそれぞれが伝記を読み、卒業アルバムの個人ページに「尊敬する人物」として紹介し単元のまとめとした。卒業文集をみんなで読み合い、2年間一緒に過ごした友だちだからこそわかる、友だちへの深い理解や関心に基づいて交流が行われた。

　以上のように、中学への足掛かりとなる小学校最後の読みの単元で伝記を扱うことで、学習用語を整理し直し、理解をより一層深めることができ、小学校の読みの学習の総まとめとして、有意義な学習となった。

おわりに

　幼、小、中の校種のつながりを大切にした国語科の学習指導の理念と実践を紹介してきた。大切なことは、①連携を取る校種同士がそれぞれの特徴をよく理解すること、②次の段階を受け持つ教師が前段階の子どもの既習の学習内容と指導方法を尊重すること、③系統性を意識しつつ、子どもが挑戦したくなるような適度な段差のある指導を行うことである。当然、段差が子どもにとって「適度」なものになるためには学習面だけではなく心理面での支援や配慮も重要であろう。

　しかしこれらのことは、校種間に限ったことではない。単元が変わる度、学年が変わる度、あるいは新たな教師との出会いを経験する度に、同じ校種内であっても子どもたちは段差を経験していることを忘れてはいけない。子どもたちが、段差を乗り越えることで成長への喜びと自信を感じられるか、あるいは失敗して自信喪失、自己不全感に陥ってしまうかは、子どもの前段階での学びを尊重し、さらに伸ばそうと、適切な支援を行う教師の姿勢にかかっている。教師が、つながりを大切にした学習指導を意識的に行っていくからこそ、子どもは「言葉の学び」が連続的なものであることを実感し、自信をもって学び続けられるようになるのである。

引用・参考文献

秋田喜代美・第一日野グループ編著『保幼小連携――育ちあうコミュニティづくりの挑戦』ぎょうせい、2013年

大熊徹、片山守道、工藤哲夫編著『小学校子どもが生きる国語科学習用語――授業実践と用語解説』東洋館出版社、2013年

岡本夏木『ことばと発達』岩波書店、1985年

国立教育政策研究所教育課程研究センター『幼児期から児童期への教育』ひかりのくに、2005年

酒井朗・横井紘子『保幼小連携の原理と実践──移行期の子どもへの支援』ミネルヴァ書房、2011年

白梅学園大学子ども学研究所「子ども学」編集委員会『子ども学第１号 2013』萌文書林、2013年

新保真紀子『小１プロブレムの予防とスタートカリキュラム』明治図書出版、2010年

東京学芸大学国語教育学会大熊徹・片山守道・工藤哲夫編著『小学校子どもが生きる国語科学習用語授業実践と用語解説』東洋館出版社、2013年

細川太輔、井上陽童、石井健介代表編者（大熊徹監修）『「書くこと」の言語活動25の方略』教育出版、2014年

文部科学省『小学校学習指導要領解説国語編』東洋館出版社、2008年

文部科学省『中学校学習指導要領解説国語編』東洋館出版社、2008年

文部科学省『幼稚園教育要領解説』フレーベル館、2008年

横浜市こども青年局・横浜市教育委員会『育ちと学びをつなぐ──横浜版接続期カリキュラム』2012年

『教職研修』（特集教師の意識を変える小中連携の進め方）42(4)、教育開発研究所、2013年

『総合教育技術』（総力大特集2014　小１プロブレム＆中１ギャップ対策最前線）68(15)、小学館、2014年

酒井朗「なめらかな小中接続のために、小中連携、一貫教育はどのように進めればよいのか」ベネッセ教育総合研究（2013年５月17日掲載）
　▶http://berd.benesse.jp/berd/focus/3-shouchuu/activity5/

樋口健「第１回中１の壁を『乗り越え』『伸びる』ために必要なことから──『中学１年生の学習と生活に関する調査』の結果を踏まえて」

ベネッセ教育総合研究所（2013年２月28日掲載）
　▶http://berd.benesse.jp/berd/focus/3-shouchuu/activity1/

文部科学省「幼児期の教育と小学校教育の円滑な接続の在り方について（報告）」2010年
　▶http://www.mext.go.jp/component/b_menu/shingi/toushin/__icsFiles/afieldfile/2011/11/22/1298955_1_1.pdf

（URLはいずれも2015年11月1日アクセス）

終章

なぜ国語を学ぶのか

はじめに

　国語教師を志す限り、私たちは「国語をなぜ学ぶのか」「国語を学ぶ／教えるとはどういう行為か」「そもそも国語とは何か」という原理的な問いに、常に自覚的でなければならない。またときによっては、児童・生徒自身から「どうして国語を学習しなければならないんですか？」という素朴な疑問が発せられることもあるだろう。むろん、そのような事態がしばしば出現するわけではないだろうが、そのときに私たちは、国語教育の存在理由について、教師として明晰に説明することを要求される。
　だが——残念ながら、「国語をなぜ学ぶのか」という問いに正しい解答は存在しない。その問いが置かれた場と状況によって、それは異なった解答とならざるを得ないからだ。望むと望まないとにかかわらず、私たちは歴史と社会の内部に在る。学校も歴史と社会の内部に在る限り、「なぜ国語を学ぶのか」という問いへの答えは絶えず流動し続ける。

第1節　「学ぶべき国語」の変容

　試みに、経験主義教育の影響が色濃い1951年発行の中学校・高等学校学習指導要領（試案）から、「第一章第三節　小学校・中学校・高等学校における国語学習指導の一般目標は何か」の一部を取りあげてみよう。国語科学習指導の目標が、聞くこと、話すこと、読むこと、書くことの四つの領域において、それぞれ「(一) 社会生活上自分に必要な情報や知識を得るために、他人の話に耳を傾ける習慣と態度を養い、技術と能力とをみがくこと」「(二) 自分の意思を伝えて他人を動かすために、いきいきとした話をしようとする習慣と態度を養い、技術と能力をみがくこと」「(三) 情報や知識を得るため、経験を広め教養を高めるため、娯楽と鑑賞のために、広く読書しようとする習慣と態度を養い、技術と能力をみがくこと」「(四) 自分の考えをまとめたり、他人に訴えたりするために、はっきりと、正しく、わかりやすく、しかも独創的に書こうとする習慣と態度を養い、技術と能力をみがくこと」と定められている。また、聞くことにおいては他者への寛容とともに比較、批判の意志が必要であること、読むことにおいては多読、詳細な読解、情報収集能力のいずれもが必要であること、等々の今日にも通じる認識が、「技術と能力」というこの時期の常用語とともに語られている。そして、もっとも特徴的なのは次のような一節である。

　〔これらの諸目標を一つにまとめて言えば、ことばを効果的に使用する習慣と態度を養い、技術と能力をみがくことであって、そのためにことばについての鑑賞力と知識と理解を増し、言語生活の理想を高めなければならない。〕
　右に、聞くこと、話すこと、読むこと、書くことの指導についてそれぞれの指導の目標を説明したが、これは、これらのことが別々に学習されなければならないというわけではない。聞く、話す、読む、書くは、言語を記号として使用するところの全体としての言語活動の各部分である。

したがって、国語学習指導の目標は、言語の使用をより正しく、より効果的にすることであるといってよい。そこに文法教育の正しい位置づけが得られ、また文学教育の真の意義も考えられてくる。このような国語の学習とその適切な指導とによって、広く言語の習慣が改善され、わが言語文化が高められることが期待される。
　〔国語の学習指導は、全体の教育の一環として、民主的な社会を作り、国際的理解と親善を増し、国民道徳を高めることに寄与するよう、常に心がけていなければならない。〕
　国語の学習指導の目標は、直接的には、国語を正しく効果的に使っていく習慣と態度を養い、技術と能力をみがき、鑑賞力と知識と理解を増し、理想を高めていくことであるが、国語科がこの目標を達成するには、生徒は実際に何かについて話し、何かについて聞き、何かについて書き、何かについて読むのでなければならない。そこに、聞くこと、話すこと、読むこと、書くことの題材がでてくるが、それは当然、教育全般の目標に応じて選ばれなければならない。この場合、国語科としては、特に、道徳教育・民主教育・国際的理解親善に寄与することを心がけるべきである。
　ことばは社会関係の中で使われるものであるから、国語学習指導の直接の目標である、聞くこと、話すこと、読むこと、書くことの正しい習慣と態度の設定は、それ自身ですでに道徳教育である。そしてそれは民主的な社会を作る基礎をなすものである。その上、われわれは、よい文学作品に触れることによって、道徳や社会への理解と判断を増し、国際的関心を高めることができるであろう。
　国語の学習指導の計画を立て、具体的目標を設定する場合には、常に、国語科は全体の教育の一環であることと、われわれが今、民主的な社会を作り、国際的理解と親善を増し、国民道徳を高める必要に立っていることを考慮していなければならない。

　「言語生活の理想」「民主的な社会」という言葉は、近年の学習指導要領で使用されることはなかったし、おそらく今後もあり得ない。いうまでも

なくこれらは、帝国主義・全体主義の思想に教育実践を収奪された戦時下の国語科教育に対する反省によるものであり、だからこそ国語科教育は「国民道徳」とも一体でなければならず、さらに「国際的理解と親善」の意義も同時に強調されなければならなかった。聞く、話す、読む、書くことの「技術と能力」は、敗戦という現実を克服し、将来、「民主的な社会」を自らつくり出していくであろう生徒の思想的主体を構築するために必要なのであり、優れて社会的な要請の基盤の上に形成されるものであった。ここには、子どもの生活や関心に直結する学習を目指す経験主義的国語科教育と、敗戦のトラウマを克服して真に民主的な「国民」を再構築しようとする意志との接点を見いだすことができるだろう。

　それに対し、60年以上を経た現在はどうであろうか。2008年の中央教育審議会答申における国語科の改善の基本方針は次の通りである。

>　国語科については、その課題を踏まえ、小学校、中学校及び高等学校を通じて、言語の教育としての立場を一層重視し、国語に対する関心を高め、国語を尊重する態度を育てるとともに、実生活で生きてはたらき、各教科等の学習の基本ともなる国語の能力を身に付けること、我が国の言語文化を享受し継承・発展させる態度を育てることに重点を置いて内容の改善を図る。
>
>　特に、言葉を通して的確に理解し、論理的に思考し表現する能力、互いの立場や考えを尊重して言葉で伝え合う能力を育成することや、我が国の言語文化に触れて感性や情緒をはぐくむことを重視する。
>
>　そのため、現行の「話すこと・聞くこと」、「書くこと」及び「読むこと」からなる領域構成は維持しつつ、基礎的・基本的な知識・技能を活用して課題を探究することのできる国語の能力を身に付けることに資するよう、実生活の様々な場面における言語活動を具体的に内容に示す。また、現行の〔言語事項〕の内容のうち各領域の内容に関連の深いものについては、実際の言語活動において一層有機的にはたらくよう、それぞれの領域の内容に位置付けるとともに、必要に応じてまとめて取り上げるようにする。
>
>　また、〔言語文化と国語の特質に関する事項〕を設け、我が国の言語文化

に親しむ態度を育てたり、国語の役割や特質についての理解を深めたり、豊かな言語感覚を養ったりするための内容を示す。

「実生活で生きてはたらき、各教科等の学習の基本ともなる国語の能力」「実生活の様々な場面における言語活動」といった言葉が当然のように目に入る。新学習指導要領において、「単元を貫く言語活動の充実」が求められたのは周知のことである。すなわち、教師が育成すべき子どもの国語力を明確にすること、その目標を達成するために各単元の具体的な目標を明確にし、指導事項を厳密にすることが要請される。ただ漫然と言語活動を並べ立てるのではなく、そこに一貫性が求められ、現実の生活の中で「生きてはたらく」リテラシーとコミュニケーション能力を身につけさせることが重視される。いったん社会に出てしまえば必ず押し寄せてくるさまざまな課題や責務に対して十分に対応できる言語能力を獲得すること、端的にいってしまえば、厳しい試練や競争が待ち構えている現実の社会を、自らの言語能力を駆使してサバイバルすることが求められているのである。社会に出ていくその彼方に「民主的な社会」「理想」といったものを見通すことができた60年前に対し、現在の子どもたちの未来はほとんど不透明であり、不可視である。そういう現実の中で生き抜いていくための力を獲得する、その第一歩が「国語の能力」なのだ、というメッセージをこの答申の言説は語っている。

要するに、当然のことではあるが、児童・生徒が置かれた歴史的な時間が異なれば、要求される国語力の内実も異なってくる。言葉の教育に、「普遍」「不易」など決してあり得ない。"いま"の社会を生き抜いていくために、どのような読む、書く、話す・聞く力、そして言語と文化についての知識と教養が求められるのか。国語科教育（学）の方向性も、あるいは国語教師自身の認識も、社会的状況によって、その都度変容することを余儀なくされる。

第2節　フーコーと国語科の理念

　ミシェル・フーコー『監獄の誕生』[1977] は、学校における母国語の教育について直接の言及こそ存在しないものの、教科教育を含む学校教育が社会の函数として機能しているあり方について知っておくために、いまだ必読の書である。

　フーコーは、規律・訓練権力が個々の人間に対してどのような作用を及ぼすのかについて、「その権力は（人々の）もろもろの力を減少するためにそれらを束縛するのではない。それらを多様化すると同時に活用するように、それらを結びつけようと努める」「流動的で雑然として無駄な多量な身体ならびに力を、多様性のある個別的な諸要素——切離された小さい独房、有機的な自立性、段階的形成を中心にした同一性と持続性、線分状の組合せ——として〈訓育を課す〉のである」と述べる［フーコー 1977：175］。規律・訓練権力とは、人間を抑圧する旧来型の権力とはまったく異なった、個人を個人たらしめ、社会の各所に位置付けるための権力である。それは、個々人に「多様性」、すなわち個性を与え、それを「活用」するために、人々の能力の総和を最大限にするべく努める。フーコーはその機能を、わかりやすく「経済策（エコノミー）」と呼ぶ。

　この著書で、試験に関する有名な考察が存在していることからも理解できる通り、フーコーの権力理論においては、学校が規律・訓練権力システムの重要な一部をなす。試験は、児童・生徒の可視化、記録化、階層秩序化をもたらし、各々を一つの事例として顕在化させる。そして、すべての児童・生徒に振り分けられた「個人別の差異」が「権力上の一様式」を構成する条件となる。学校において個性・多様性と秩序のいずれもが尊重される理由は、両者を確保することによって、権力の行使を最小限にとどめながら最大限の集団のポテンシャルを得ることが可能となるからであり、それが規律・訓練的社会が目指すところであるのだ（例えば文学教材を扱った「読むこと」の授業において、多様な読みや個性的な読みが奨励される

のも、こうした要請の一環である)。教科教育を含む学校教育のさまざまな場面において、多様で個性的な——あるいは、個性的でなければならないという観念を内面化した——児童・生徒が育成される。彼らはいずれ、それぞれの個性と資質にしたがって社会のさまざまな領域、階層に配置され、エネルギーを供給し、それぞれの場の維持と発展に貢献することになるだろう。こうした学校の機能は、社会が学校に対して必須の役割として課している事柄のうち、もっとも重要なことの一つである。

　フーコーの理論は、人々の個性それ自体が学校＝社会の要請であり、だからこそ児童・生徒の内面が絶えず観察・注視の対象となる理由を明らかにする。授業のさまざまな場面で、児童・生徒が自己の思考や認識や判断を言語化しなければならないのは、彼らの内面を可視化する要請が学校という場の隅々に行き渡っているからであり、児童・生徒の内部に言語化への衝動があらかじめ備わっているからではない。言語化という行為がなされることによって、初めて児童・生徒は学校の構成員として主体化され、学校というミニチュアの社会に参加しているとみなされる。逆にいえば、個性や内面は、授業その他の場面において、常に他者と共有可能な水準で言語化されなければならない。他者と共有できない個性や内面は、それが自身にとってどんなに重要なものであろうと、学校＝社会においては価値や意義を与えられないのだ。読むこと、書くこと、話すこと・聞くこと、いずれの領域であれ、他者と共有可能な言語を洗練し、議論したり協働したりする言語能力を獲得すること、他者を理解したり説得したり動かしたりする言語能力を高めること、リテラシーとコミュニケーションのスキルを向上させること。基本的には、そのことが国語科教育の目的となる。とりわけ、サバイバルが強いられる流動的なこの現代社会においては、強靱な個性と多様な言語能力を養うことが、さらに強く要請されざるを得ないのだ。

第3節　「この私」の言葉

　しかし、国語科教育、あるいは広く学校という場において、他者と共有できない内面、すなわち交換不可能な「この私」について感じたり、認識したり、思考したりすることは無意味なのだろうか。ここでいう「この私」とは、柄谷行人のいう「単独性」である。

　　私は十代に哲学的な書物を読み始めたころから、いつもそこに「この私」が抜けていると感じてきた。哲学的言説においては、きまって「私」一般を論じている。それを主観といっても実存といっても人間存在といっても同じことだ。それらは万人にあてはまるものにすぎない。「この私」はそこから抜けおちている。私が哲学になじめなかった、またはいつも異和を感じてきた理由はそこにあった。
　　といっても、私がこだわってきたのは、「私」のことではない。また、「この私」が特殊であるといいたいのではない。私は少しも特殊ではない。私は自分がいかにありふれているかを知っている。それにもかかわらず「この私」は他のだれでもないと感じている。肝心なのは、「この私」の「この」の方であって、私という意識のことではない。（中略）
　　たとえば、私が「この犬」というとき、それは犬という類（一般）のなかの特殊を意味しているのではない。たとえば、太郎とよばれるこの犬の「この」性は、その外見や性質と何ら関係がない。単に「この犬」なのだ。
　　私はここで、「この私」や「この犬」の「この」性（this-ness）を単独性（singularity）と呼び、それを特殊性（particularity）から区別することにする。単独性は、後でいうように、単に一つしかないということではない。単独性は、特殊性が一般性からみられた個体性であるのに対して、もはや一般性に所属しようのない個体性である。たとえば、①「私がある」と、②「この私がある」とは違う。①の「私」は一般的な私の一つ（特殊）であり、したがって、どの私にも妥当するのに対して、②の「私」は単独性であ

り、他の私と取り替えできない。むろん、それは、「この私」が取り替えできないほど特殊であることを少しも意味しない。「この私」や「この犬」は、ありふれた何の特性もないものであっても、なお単独的（singular）なのである。

[柄谷1989：9-10]

　前述のように、リテラシーとコミュニケーションの能力を鍛える場としてのみ国語科教育を位置付けるなら、そこでは他者と共有・交通可能な言語しか価値をもち得ないのだから、「この私」（を意識すること）そのものが不要となる。教育の場で価値を与えられるのは、洗練された、可視的な「特殊性」（個性）であって、「単独性」ではない。そこでは、「一般性」としての児童・生徒集団から、個別の能力＝「特殊性」を見いだし、社会化すること——具体的には、授業の文脈に組み込むこと——が、学校と教師の役割とされるのだ。

　国語科教育の視点から、「この私」の問題に切り込もうとした数少ない試みも存在する。その一つが、難波博孝 [2008] である。難波は、あまんきみこ「白いぼうし」に対して、「死者の世界の話」を見いだす自己の読み、「『不安』からくる『痛み』を感じさせるもの」とする梅村智子の読み、「喪失の不安」を見いだす河野順子の読みを「代表化されない自己」と呼び、文学を読むことによって、そのような「自己」は不可避的に呼び寄せられてしまうとする。

　難波のいう「代表化されない心」とは、「この私」と重なりあうものであろう。しかし国語科授業の現状からすれば、難波も指摘するように、「代表化されない心」／「この私」は授業の外部＝異物として終始するしかなく、それを持ち込むことは不可能というネガティブな結論に至るしかない。だが、学校に、「この私」を担保しうるような隙間をつくり出すことは不可能なのだろうか。例えば文学教材を通じて、あるいは読書活動を通じて、さまざまな物語と出会うことが、「この私」のゆるやかな生成と認識に、何らかの寄与をもたらすことは考えられないのだろうか。社会学や認知科学の領域でしばしば語られているように、物語の存在は、「私」

のアイデンティティ（それが「単独性」概念と完全には重ならないにしても）の形成に不可欠である［浅野2001, 片桐2003, 内田2003, 本田1995］。仮に授業で文学を扱うことの意味がいまだにあるとすれば、さまざまな物語に出会うこと、に可能性を見出すしかないのではないか。

おわりに

　フーコーが理論化した規律・訓練権力が、今後も学校で機能し続けることは疑いない。そもそも規律・訓練権力は、我々と我々の生きている社会そのものが持続的な生命を保つために必須の要素なのである。集団が集団としての意義をもつために個人の能力を十全に実現させようとするエコノミーの発想なしには、我々は生存することすらできない。だが一方で、「この私」が生き延びていくための隙間を学校空間にどうつくり出すかについても考慮するべきなのではないか。今具体案を示せるわけではないが、流動的な社会をサバイバルするための言語能力の育成が求められる現状であるからこそ、そこで救われない「この私」を視野に入れておくことは必要だろう。

参考文献

　浅野智彦『自己への物語論的接近——家族療法から社会学へ』勁草書房、2001年

　内田伸子「絵本の読み手から語り手へ——子どもの創造的想像力の発達」日本児童文学学会編『メディアと児童文学（研究日本の児童文学5）』東京書籍、2003年

　片桐雅隆『過去と記憶の社会学——自己論からの展開』世界思想社、2003年

　柄谷行人『探究Ⅱ』講談社、1989年

難波博孝「『白いぼうし』論——死者の世界の出来事」『母語教育という思想——国語科解体／再構築に向けて』(Sekaishiso seminar) 世界思想社、2008年

フーコー，ミシェル (田村俶訳)『監獄の誕生——監視と処罰』新潮社、1977年

本田和子「〈物語〉としての世界把握——子どもにとっての〈文学〉」日本文学協会『日本文学』44(3)、1995年3月、pp. 21〜30

■ 編著者紹介 ■

千田洋幸（ちだ・ひろゆき）──────────────●終章

　1962年生。東京学芸大学卒業、同大学院修士課程修了、立教大学大学院博士後期課程満期退学。現在、東京学芸大学教授。
　主な著書として、『テクストと教育──「読むこと」の変革のために』（2009年、渓水社）、『ポップカルチャーの思想圏──文学との接続可能性または不可能性』（2013年、おうふう）がある。

中村和弘（なかむら・かずひろ）──────────────●序章

　1971年生。東京学芸大学卒業、同大学院修士課程修了。川崎市内の公立小学校教諭、東京学芸大学附属世田谷小学校教諭を経て、現在、東京学芸大学准教授。
　主な著書として、『国語科授業を活かす理論×実践』（共編著、2014年、東洋館出版社）、『国語の授業の基礎・基本──小学校国語科内容論』（国語科コアカリキュラム研究プロジェクト編、2014年、東京学芸大学出版会）がある。

■ 執筆者紹介 ■

廣川加代子（ひろかわ・かよこ）──────────────●第1章

　東京学芸大学非常勤講師

木下ひさし（きのした・ひさし）──────────────●第2章

　聖心女子大学教授

小山惠美子（こやま・えみこ）──────────────●第3章

　帝京大学教授

細川太輔（ほそかわ・たいすけ）──────────────●第4章

　東京学芸大学講師

井上善弘（いのうえ・よしひろ）────●第5章
　　国士舘大学准教授

池田修（いけだ・おさむ）────●第6章
　　京都橘大学准教授

丹藤博文（たんどう・ひろふみ）────●第7章
　　愛知教育大学教授

橋本和顕（はしもと・かずあき）────●第8章
　　帝京大学准教授

石川直美（いしかわ・なおみ）────●第9章
　　前東京学芸大学附属国際中等教育学校教諭

山室和也（やまむろ・かずや）────●第10章
　　国士舘大学教授

笠井正信（かさい・まさのぶ）────●第11章
　　中央大学特任教授

中村敦雄（なかむら・あつお）────●第12章
　　明治学院大学教授

吉永安里（よしなが・あさと）────●第13章
　　國學院大學助教

（執筆章掲載順／敬称略／●は執筆担当箇所）※現職所属は執筆時

■ 監修者紹介 ■

橋本美保（はしもと・みほ）

1963年生まれ。1990年広島大学大学院教育学研究科博士課程後期中途退学。現在、東京学芸大学教育学部教授、博士（教育学）。専門は教育史、カリキュラム。主な著書に、『明治初期におけるアメリカ教育情報受容の研究』（風間書房、1998年）、『教育から見る日本の社会と歴史』（共著、八千代出版、2008年）、『プロジェクト活動――知と生を結ぶ学び』（共著、東京大学出版会、2012年）、『新しい時代の教育方法』（共著、有斐閣、2012年）、『教育の理念・歴史』（新・教職課程シリーズ、共編著、一藝社、2013年）、ほか多数。一藝社「新・教職課程シリーズ」（全10巻、既刊）を監修。

田中智志（たなか・さとし）

1958年生まれ。1990年早稲田大学大学院文学研究科博士後期課程満期退学。現在、東京大学大学院教育学研究科教授、博士（教育学）。専門は教育思想史、教育臨床学。主な著書に、『キーワード現代の教育学』（共編著、東京大学出版会、2009年）、『社会性概念の構築――アメリカ進歩主義教育の概念史』（単著、東信堂、2009年）、『学びを支える活動へ――存在論の深みから』（編著、東信堂、2010年）、『プロジェクト活動――知と生を結ぶ学び』（共著、東京大学出版会、2012年）、『教育臨床学――「生きる」を学ぶ』（単著、高陵社書店、2012年）『教育の理念・歴史』（新・教職課程シリーズ、共編著、一藝社、2013年）、ほか多数。一藝社「新・教職課程シリーズ」（全10巻、既刊）を監修。

教科教育学シリーズ①
国語科教育

2015年12月11日　初版第1刷発行

監修者　橋本美保／田中智志
編著者　千田洋幸／中村和弘
発行者　菊池公男
発行所　一藝社

〒160-0014　東京都新宿区内藤町1-6
Tel.03-5312-8890　Fax.03-5312-8895
http://www.ichigeisha.co.jp　info@ichigeisha.co.jp
振替　東京00180-5-350802

印刷・製本　シナノ書籍印刷株式会社
ISBN 978-4-86359-079-3 C3037
©2015 Hashimoto Miho, Tanaka Satoshi, Printed in Japan.

定価はカバーに表示されています。落丁・乱丁本はお取り替えいたします。

本書の内容の一部または全部を無断で複写（コピー）することは、法律で認められた場合を除き著作者及び出版社の権利の侵害になります。

一藝社の本

教科教育学シリーズ［全10巻］

橋本美保・田中智志◆監修

《最新の成果・知見が盛り込まれた、待望の「教科教育」シリーズ！》

※各巻平均210頁

01　国語科教育
千田洋幸・中村和弘◆編著
A5判　並製　定価（本体2,200円＋税）　ISBN 978-4-86359-079-3

02　社会科教育
大澤克美◆編著
A5判　並製　定価（本体2,200円＋税）　ISBN 978-4-86359-080-9

03　算数・数学科教育
藤井斉亮◆編著
A5判　並製　定価（本体2,200円＋税）　ISBN 978-4-86359-081-6

04　理科教育
三石初雄◆編著
A5判　並製　定価（本体2,200円＋税）　ISBN 978-4-86359-082-3

05　音楽科教育
加藤富美子◆編著
A5判　並製　定価（本体2,200円＋税）　ISBN 978-4-86359-083-0

06　体育科教育
松田恵示・鈴木秀人◆編著
A5判　並製　定価（本体2,200円＋税）　ISBN 978-4-86359-084-7

07　家庭科教育
大竹美登利◆編著
A5判　並製　定価（本体2,200円＋税）　ISBN 978-4-86359-085-4

08　図工・美術科教育
増田金吾◆編著
A5判　並製　定価（本体2,200円＋税）　ISBN 978-4-86359-086-1

09　英語科教育
馬場哲生◆編著
A5判　並製　定価（本体2,200円＋税）　ISBN 978-4-86359-087-8

10　技術科教育
坂口謙一◆編著
A5判　並製　定価（本体2,200円＋税）　ISBN 978-4-86359-088-5

ご注文は最寄りの書店または小社営業部まで。小社ホームページからもご注文いただけます。